柚木麻子の
ドラマななめ読み!

柚木麻子＝著

フィルムアート社

目次

第2章　アイドルも、男も、女も、シニアも　二〇一六～二〇一七年　55

第3章　平成から令和へ　二〇一八～二〇一九年　101

第5章　その先へ！　二〇二二〜二〇二四年　179

凡例

・ドラマ、映画、テレビ番組、長編小説、戯曲、書籍、雑誌、ウェブサイトは『　』、ドラマの各話タイトル、短編小説、楽曲名、記事名は「　」、強調は〝　〟で示した。

・ドラマは初出時のみ（　）内に放送年と脚本家名を記した。

まえがき

本書は、二〇一四年三月にスタートした『anan』（マガジンハウス）での連載「柚木麻子のドラマななめ読み！」をまとめたものである。

この連載は、地上波ドラマをワンクールに一本、初回からだいたい三話まで見て、感じたこと、思い出したことを書くという趣旨でかれこれ一〇年続いている。ちなみに三話まで見てコラムを書いたら、もう視聴をやめてしまったものもあるし、完走したものもある。

書籍にまとめるにあたって、一部加筆修正を行った上、各話末に二〇二四年現在の視点からの振り返りを加えた。

また、『anan』での連載以外でテレビドラマに関して綴った文章を番外編としてまとめ収録している。

第1章

〝ヒール女〟や〝エロいのに味方な女〟と一緒に

二〇一四〜二〇一五年

第1話　フジ「月9」を支える、忘れがたい〝ヒール女〟の系譜

恋愛漫画の傑作・水城せとな『失恋ショコラティエ』は現代日本の『グレート・ギャツビー』だと思っている。「運命の女」を手に入れるために、人生ごとなげうたねばならなくなる青年の栄光と激しい思い込み。しかし、そうまでして手に入れたいその人は、虚無感にさいなまれている実はごく平凡な女である、と受け手にはわかる仕組み……。普遍性もありながら、台詞からは今を生きる若者の温度がびしばしと感じられる。登場人物全員が叶わない恋愛にのたうち回り、善と悪を行ったり来たりする痛々しさに引き込まれていた私は、ドラマ化と聞いて大喜びした原作ファンの一人である。

さて、月曜九時にスタートした『失恋ショコラティエ（失ショコ）』（14、安達奈緒子・越川美埜子（＝相沢友子））。時々暗転する絶妙なカメラワークといい、チョコレートの深い輝きといい、原作愛が感じられる。なにより、マツジュン（松本潤）はじめとする人気キャストたちからは新境地を切り開こうとする熱が伝わって来る。個人的には大ファンだけれど、これは原作通り、フランス人が演じるべきと思っていたが、貴公子・オリヴィエ役の溝端淳平が役柄を自分のものにしていてうなってしまった。なにより、水原希子演じるエレナとマツジュン演じる爽太が互い

の苦しい恋を打ち明けるうちに、なしくずし的にセックスフレンドになっていくくだりを、きちんと放送したことを評価したい。純愛を描くことがしらじらしく思える今、対等なセックスフレンドを肯定してみせたことは、ドラマ界にとって大きな貢献だと思う。

しかし、この作品がエポックメイキングたりえるのは「運命の女」紗絵子を演じる石原さとみと、爽太に片想いをする同僚の薫子を演じる水川あさみにある。この二人の熱演と役へのシンクロぶりには近年まれに見るパワーがある。ぶりっ子でしたたかな主婦の紗絵子と不器用でまっすぐで嘘がつけない職人の薫子。本来なら前者はヒール役で後者はヒロインのキャラクターである。ところが、言うまでもなく物語の中心は紗絵子。薫子は今（二〇一四年一月）のところ見せ場は少ないし、原作でも煮え湯を飲まされてばかりいる。つい最近、他局でヒロイン（日本テレビ系、二〇一三年放送、水橋文美江・山岡真介脚本『シェアハウスの恋人』）を演じたばかりの水川あさみであるが、あえてサブに回ったことで視聴者が寄り添いたくなる親しみやすさが増したように思う。反対に、石原の小悪魔ぶりは常人の理解を超えるほどぶっとんでいて、一秒たりとも目が離せない。しかし、ハイテンションな台詞回しや思わせぶりな上目遣いは反発を生むどころか潔い、勉強になる、可愛い、と女性視聴者からも評判は上々らしい。このヒール役女子が同性の共感を呼び、面白がられるという風潮はドラマウォッチャーの嗜好が成熟したことにほかならないだろう。少なくも九〇年代の初めならあり得ない現象だ……。

そう、月9の歴史を語る上で外せない『東京ラブストーリー』（91、坂元裕二）の話をしているのである。すべてはここから始まったともいえる伝説のヒロイン、鈴木保奈美演じる帰国子女の赤名リカ。仕事にも恋にも全力投球で、感情はストレートに表現し、織田裕二演じるカンチが煮えきらなければ堂々と自分からセックスに誘う。そんな裏表のないサバサバした彼女を誰もが愛し、社会現象にまでなった。逆に日本女性が総アンチ化したのがリカの恋敵役にして勝者となる、有森也実《なりみ》演じるさとみである。すべてにおいて依存的で、うっとうしいくらいのか弱さアピール、おでんを手作りして突然家に持って来るような圧倒的ダサさ……。その憎まれ方は凄まじく、有森のキャリアがその後、伸び悩むほどに尾を引いた。

しかし、今改めて冷静に見直してみると、さとみはそこまでしたたかな女ではないことに驚く。彼女は自分が凡庸な人間であり、男なしには生きていけないことを冷静に見切っているのである。圧倒的不利だと知りながらも、高《ハイ》スペックのリカから男を奪うために、持てるものをすべて駆使して闘っているにすぎないのだ。一人で部屋にいる時にさとみの丸顔に漂う虚無感は、おそらくリカが味わったことのない種類のものだろう。狙った相手に向かって、私はなんにもないからあなたを見ていられればいい、とプライドなくうっすら微笑んでみせ、ベージュや白のふわふわとした素材の服を好んで着るセンスは紗絵子に通じるものがある。

未来なんてわからないし、今の自分に自信がないから、安直なモテ努力に走る……。さとみがあそこまで憎まれたのは、誰しもが一度は足を突っ込んだみっともなさをデフォルメして突きつけたからだろう。男受けをハナから放棄し、相手の心がこちらにないと悟るなりさっさと去っていって海外に渡るリカは確かに今見てもかっこいい。しかし、頑張ればなんらかの形で夢が叶ったバブル期だからこそギリギリ成立した魅力ともいえるかもしれない。

二〇〇〇年に放送された『やまとなでしこ』（中園ミホ・相沢友子）はヒール女が初めてスポットを浴びた月9だろう。松嶋菜々子演じる客室乗務員の桜子は徹底して玉の輿を目指す合コン女王。高慢ちきで計算高く鼻持ちならないという突き抜けっぷりは疎まれるどころか、松嶋の圧倒的パワーとあいまって評判を呼んだ。金持ちを落とすためなら命だって差し出してしまう狂気すれすれの婚活、上品な風貌だからこそ成立するオーバーな顔芸はむしろチャーミングでさえある。実は少女時代に悲しい思い出がある、堤真一演じる貧しい男に惹かれすべてを投げ出す、などのエクスキューズも用意されていて見事、愛されキャラへと昇華された。

しかし、二〇〇九年『ブザー・ビート～崖っぷちのヒーロー～』（大森美香）で相武紗季が演じた菜月にはなんのエクスキューズもない、正真正銘のヒール女である。山P（山下智久）演じる誠実な恋人がいるにもかかわらず、彼のチームメイトである代々木廉（金子ノブアキ）と浮気。それがバレてフラれてしまっても、なんの臆面もなくよりを戻そうとし、主人公らの恋路を邪魔しようと暗躍するのである。字面にしただけで目がくらむほどの悪役なのだが、北川景子演じるひたむきなヒロインをかすませるほどの漆黒の魅力を放ち、同性視聴者からの共感を呼んだのはどうしたことだろう。それは菜月があまりにも人間くさく、無駄とわかっていてもありったけの努力を惜しまず、現状を否定し続けているからだ。普段は優等生然とした菜月が一人の時に見せる「私、なにやってんだろう」という表情には私も胸を打たれたものだ。

持って生まれた才能や魅力なんかより、不景気世代の我々は「努力で身につけたなにか」に惹かれてしまう。ヒール女と競うより学ぶべきものがあるのでは、と考え、そこに自分を重ねようとする。『失ショコ』の原作はまだ完結していないので（『月刊flowers』二〇一五年二月号にて完結）、ドラマならではの着地点が期待されるが、私はぜひとも、紗絵子のやけっぱちぶりに触発され、臆病な薫子が一歩踏み出してくれることを願ってやまないのだ。ありのままのナチュラルさばかりが礼賛されてきて行き詰まってしまった月9が、いや日本が前に進むためにも。

＊

このドラマ以降、石原さとみの人気が確固たるものになったのはもちろん、ぶりっ子キャラは完全に市民権を得て、努力を隠さない、むしろ信頼できる人間として認識され、現実社会にまで影響を及ぼした。その一方で、有森也実は時代の産んだ被害者であることを忘れてはいけない。

第2話／日本のドラマを支える名優たち

渡辺いっけい、片瀬那奈、溝端淳平。この三人が現代日本のドラマを回していると言っても過言ではない。敬意を込めて「三強」と呼ぼう。ほぼ毎クール、このうちの誰かがなにかしらのドラマに出演している。例えば今期（二〇一四年四月クール）は『TEAM～警視庁特別犯罪捜査本部』（吉本昌弘ほか）に渡辺いっけいが出演中だ。緊張感漂う男ばかりの空間が、いっけいの軽妙な雰囲気のおかげで適度に風通しがよくなっている。

三強に共通するのは、姑息な悪党から気のいい同僚まで演じ分けられる名バイプレイヤーぶり、どんな無茶な要求であれ平均点以上を叩き出せる職人的安定感、バラエティもこなせるサービス精神、現場でもムードメーカーとなっているに違いない明るいオーラが画面から溢れ出ている点である。

渡辺いっけいを最初に見たのは小学生時代。朝の連続テレビ小説『ひらり』（93、内館牧子）の相撲部屋の嘱託医、竜太先生役だった。大きな体によく通る笑い声、十分すぎるハンサムぶりは、ヒロインばかりかその姉にまで恋されるのも納得。しかし、モテ男扱いのいっけいを私が目にしたのはこれが最後であった。『Dear ウーマン』（96、中園ミホ・林誠人）では部下に振り回される腰抜け上司、『不機嫌な果実』（97、中園ミホ・小野沢美暁）では妻の不倫はもちろん心の変化まで まったく気付かない腰抜け夫、『女医』（99、森下直・横田理恵）では若い女性に迫られずるずる関係してしまう腰抜け医師……。いわば「腰抜けのプロ」として、テレビのこちら側の小市民をいっけいはストイックに演じ続けている。役にハマっている状態が当たり前のためついサクッと咀嚼しがちであるが、私が彼のスキルの高さに息を呑むのはゲスト扱いになった時だ。いっけいが画面に現れただけで俳優陣の温度が急激に上がり、ぐっと場が引き締まるのが素人目にもわかる。実感したのは、芸能事務所を舞台にしたワンシチュエーションコメディ『ウレロ☆未体験少女』（14、オークラ・土屋亮一）。ゲストのいっけいは事務所のメンバーが原作を手がけたドラマに主演するベテラン俳優役。ある事情から脚本にケチをつけ、板前の扮装のまま事務所に乱入し「小汚ねえ事務所で、クソ虫みてえなやつらがピーチクパーチクうるせえな！ 全員死ねよ！」と赤い顔でわめき、目玉をひんむいてギロリと威嚇してみせる。彼の尋常ならざるサービス精神が大爆発したこの場面、何度見ても笑いが止まらない。日本にシットコム（シチュエーションコメディ）が根付かないのはいっけいのように、登場するだけで客席が湧く知名度と、軽やかなアドリブ能力を兼ね備えたドラマ俳優がなかなかいないためだろう。

片瀬那奈といえばモデル出身の抜群のスタイルと華、歌手の経験もあり、多趣味でさばけた性格は『タモリ倶楽部』などからも伝わる。初期は記号的なマドンナ役を振られることが多かったが『小早川伸木の恋』（06、武藤将吾・平林幸恵）の嫉妬深い妻役で暴走と懊悩を演じて以来、役の幅がぐんと広がった。最近では『闇金ウシジマくん　Season1』（10、福間正浩ほか）の元AV嬢の金融業者がハマっていた。武器はなんといっても豊かな表情、愛嬌と隣り合わせの過剰なこだわりや執着の表現方法だ。キャリアの分岐点は『歌のおにいさん』（09、永田優子）だろう。元バンドマン役の嵐・大野（智）君はひょんなことから人気子ども番組のアシスタントとして歌って踊ることに。番組を牛耳るのは那奈演じる「うららおねえさん」こと元ミュージカル女優の美月うらら。カラスにキジに相撲の行司役と、毎回とんでもないかぶり物姿を披露。ギラギラした笑みを浮かべ腹の底から童謡を歌い上げ、オーバーな顔芸で大野君をいびり倒す。ミュージカル時代の栄光を忘れられないため、お姫様然と振る舞って自分を「あたくし」と呼ぶ。現実から頑なに目を逸らして己の王国を死守する姿はおかしくもやるせなさを誘う。やる気のない大野君に向かって「どんぐりころころ」の「どんぐり」の気持ちをヒステリックに解説する姿が白眉。自らのキャリアを笑い飛ばすかのようにすべて演技に昇華する能力は『anego［アネゴ］』（05、中園ミホ）直前の篠原涼子に通じるものがある。片瀬那奈ならアラフォーで大ブレイクもあり得るが、虎視眈々とチャンスを狙うようなしたたかさは、彼女には似合わないなあと思っている。このままで十分だ。

溝端淳平が女優を輝かせることに関して唯一無二の才能を持っているのは、ドラマウォッチャーなら誰もが気付いているだろう。『BOSS』（09、林宏司・西平晃太）では天海祐希をより有能に、『都市伝説の女』（12、後藤法子）では長澤まさみをよりエネルギッシュに、『失恋ショコラティエ』では相手役の有村架純をより可憐に引き立ててみせた。気のいい若者役なら右に出る者のいない彼の新たな一面を堪能できるのが、愛憎ドラマ『蜜の味〜A Taste Of Honey〜』（11、大石静）だ。医療現場を舞台に、叔父と姪ながら激しく愛し合っている雅人（ARATA、現在・井浦新）と直子（榮倉奈々）。二人に襲いかかるバッシングや障害をどう切り抜けるかの物語なのだが、よくよく考えるとこの関係はグルーミング（性的な行為を目的に、大人が子どもと親密になろうとすること）ではないかなとも思う。そんな彼らの仲を引き裂こうと暗躍するのが溝端演じる元カノの榮倉を忘れられない産婦人科医だ。優しいおぼっちゃん気質ながら次第に悪へと染まって行き、ストーカー行為にまで……。グラデーションのようにしてずるずる堕ちて行く表情の変化は見事。榮倉の家に不法侵入し、抱き合う二人に向かって「ずーっとずーっと許さない。死ぬまで許さない。お前らに未来なんてないんだよ！」とわめきちらす溝端。普段の爽やか笑顔はどこへやら赤黒い顔で涙声を震わせ「そ、そんなこと許されない。人間として許されない！」「この変態野郎ーー！」と叫ぶ溝端はグロテスクで忌むべき存在なのに、心根の優しさがにじむ顔立ちのせいか、身悶えするほど痛々しい。泣いて暴れる溝端に向かってARATAは言う。「幸せも祝福も求めない……。そんなもの求めない。ただ一緒に生きていたいだけだ」。とうとう気が抜けたように宙を見つめる溝端。彼の演技力により、まるでぐるりと舞台が反転する錯覚を覚えた。主役のはずのARATAと榮倉が視聴者の向こう側に回ったのだ。ほとんどの人間は、平和な生活と引き換えに、溝端側として、脇役として、死んで行くのだ。なんてむなしい……。物語の思わぬテーマが浮かび上がり、どきっとしたのをよく覚えている。

ワビサビ文化の日本でスターになるには、才能と華があることはもちろんだが、自らなにかを発信するというより、どこか虚無感を漂わせる、俗を離れた無色透明な存在であることが重要だ。その点、三強のぎっしり実が詰まっていることといったらどうだろう。アップになった瞬間、彼らの瞳の奥を覗いてみて欲しい。そこには欠落がまったく感じられない。魂の充実が溢れんばかりににじみ出ている。もちろん、どちらが上とか下ではない。ただ、三強が生き生きとどんな役でも演じ分けられるのは、感情の引き出しが豊富なためだ。きっと、人生の甘みも苦みもちゃんと享受し、リアリストでありながらも表現を愛し、日々を楽しんでいるのだろう。彼らのように心の通った役者をテレビで楽しめるのは私は実に贅沢だと思っている。

＊

その後、片瀬那奈は活動の拠点をアパレルやYouTubeに移し、溝端淳平は重厚な演技のできる大河俳優になってしまった。だが、いっけいは変わらない。

第3話 同性からの支持高し！“エロいのに味方な女”

峰なゆかの人気漫画『アラサーちゃん』及び『アラサーちゃん　無修正』が壇蜜主演でドラマ化、二〇一四年に放送された（新井友香ほか脚本）。これは『失恋ショコラティエ』の石原さとみヒロイン事件に続く日本テレビドラマ史におけるエポックだと思っている。

ヒロインのアラサーちゃんは大人っぽい美人でナイスバディ、色っぽいだけではなく自立していて稼ぎもあり、頭の回転も早い。なおかつどんな場面であれ冷静に男心を見極められるため、エンターテイナーとしてあらゆる異性のニーズに対応できる。つまり、無色透明ピュアがよしとされるこの国のドラマ界では珍しい「マチュアな女」である。マチュアな女がヒロインなだけでも超異例なのに、芸能界一のマチュア、壇蜜が演じているのだ。なによりすごいのがテレ東深夜放送であるにもかかわらず、疲れたサラリーマンがなにも考えずに楽しむお色気番組というより、独身の身も蓋もない本音を描こうとしている女性目線の作品である点だ。賢いはずのアラサーちゃんなのに、自分の武器が通用しない堅物男に片想いをしてのたうち回るし、アイデンティティについて悩むし、生理現象やお手入れのことで苦労している。つまり、マチュアな女が等身大の女の子の喜びや悲しみを経験することを、初めて許されたドラマといえるのだ。

　ドラマにおけるマチュアな女の成功例として真っ先に思いつくのが、一九七八年放送『白い巨塔』（鈴木尚之）で田宮二郎演じる天才外科医・財前五郎の愛人役だった太地喜和子だろう。この花森ケイ子というキャラクターはアラフォーのホステスだが元医大生。大学病院でのし上がろうとする野心のかたまりの財前にとって、医療の知識だけではなく、大学病院の複雑な人間関係も知り尽くし接待もお手のもののケイ子は、セックスはもちろん、参謀役としても頼れるパートナーなのだ。いつマンションに行っても色っぽいひらひらの部屋着とウイスキーボトルでお出迎え、ピロートークで「今日、大きな手術があったのね」とくふんと笑うケイ子のたわわなこと……。ただでさえこの時の太地喜和子ときたら肉汁のしたたるレアステーキのような女っぷり。豊かなうねる髪にムチッとした身体、ハスキーボイスに濡れた瞳がどぎまぎするようだ。そんな個性もあってか、原作では鉄の女の印象が強いケイ子が、情緒豊かな人物として描かれている。事情あって日陰の存在である財前の実の母にも優しく接し、身の回りの世話を焼いたり、旅行に付き合ったりもする。男を甘やかすばかりではなく、財前の驕りから来るミスに対しては厳しく叱責。「医師としての責任は一体どうなるの？」と激しい怒りをにじませる。さらに、財前が危篤になっても決して病室には入らないなど愛人としての分をわきまえている。つまりは、妻のスタンスで見ても「ははあ〜。ふつつかな夫をよろしくお願いします!!」とひれ伏したくなるような超人キャラなのだ。ドラマを家族揃ってお茶の間で見ることの多かったこの時代、セクシーな仲といえばこれくらい賢く気高くなければ許されなかったのかもしれない。しかし、愚痴も弱音も吐かず、財前が死んでも思い出の場所にたたずみ一人涙こらえるケイ子は、なんだか見ていてしんどそうでもある。

こんな風に孤高の存在、もしくはヒロインの敵役として描かれることが多かったマチュアな女が初めてチーム女子に迎え入れられた画期的なドラマが『ショムニ』(98、高橋留美・橋本裕志)である。脚立片手にオフィスを百獣の王のごとく練り歩く坪井千夏(江角マキコ)率いるOL軍団のメンバー、櫻井淳子演じる佳奈さんは、男性社員どころか会社のトップ達を手のひらでころがす魔性の美女。しかしながら、女達から一目置かれ、ことあるごとに頼りにされている。基本的にのんびりおっとりしている佳奈さんは輪を乱さない。チームに強力な「セクシー担当」を据えることで、他のメンバーが異性受けを気にせずのびのびふるまえるというこの不思議な現象は、アイドルグループの乱立する今、みんな納得するのではないだろうか。櫻井淳子のどんな環境でも通用しそうな古風な美貌とフェロモンのおかげで、このドラマにおける江角マキコはどんなに威圧的でもなぜか涼やかだし、京野ことみはおどおどしていても可愛かったし、高橋由美子だって存分にエキセントリックであることを許されたのだ。ナチュラルなお色気は、周囲の同性を役割から解き放って自由にしてくれるというパワーを持つのである。

それでもやっぱり、いい女が悪を演じると輝くのも事実である。新しい切り口でセクシーな悪役を描いた作品といえばキャバクラを舞台にした『嬢王3～Special Edition～』(10、遠藤彩見)。

原幹恵演じるヒロイン・舞をつぶしにかかる、ナンバーワンの極悪キャバ嬢・理央名を演じるのは明日花キララだ。色気が売りの男性視聴者向けドラマなのだが、舞の露出は下着止まり。気前のいい脱ぎっぷりを披露するのは理央名である。卑怯な手段で舞を妨害してばかりの理央名だが、どうにも憎めないのが、極彩色の露出ファッションの楽しさに加え、抜群に同性の心をつかむのがうまいためだろう。カリスマ性に加えて鋭い観察力、飴と鞭の使い分けで、ヘルプのキャバ嬢達に忠誠を誓わせ、舞が雇った派遣のキャバ嬢まであっという間に味方につけてしまう手腕はなんだか小気味よくさえある。健気な素人っぽさで男性客の心をつかめても、なぜか同性に慕われない舞は「私にはなにが足りないのか」と苦悩し続ける。それが顕著に表れるのが女性客限定のスペシャルデーの回（第6話）だ。理央名は女性客らをキレのいい下ネタトークでたちまちとりこにするが、舞は退屈させてしまうのだ。いい子なだけでは同性の支持を集められない。大切なのは、本音をさらしてくれるサービス精神と知性、なによりキャラクターの面白さ。そんな魅力があれば、自分にとって脅威となる女王様でも話くらいは聞いてみたい。もはやマチュアな女を同性が排斥しないどころか、仲間になってみたいとさえ思うようになったのだ。

さて、アラサーちゃんの親友であり宿敵ゆるふわちゃんを演じるのはあのみひろ（現・金子みひろ）である。ゆるふわちゃんはある意味、アラサーちゃん以上にマチュアな、徹底的に無垢さを偽装する、女のプロである。これまで弱音を吐くことを許されなかったマチュアな女が、ついに自分と同レベルの力量の女友達を手に入れ、ともに闘い、慰め合うことまで許可されている。今の女性視聴者は少なくとも七〇年代よりは同性に寛容だし、自分と対極の魅力を持つ女にもそれなりの苦労があることも理解している。そしてなによりも同性の友情でしか救われない部分が自分達にあることをちゃんと知っているのかもしれない。

＊

最近、カメラマンの友達が撮影に使う脚立を持ったまま、みんなでいるカラオケにやってきた。酔っ払っていたのも手伝って私は脚立を奪い、「ショムニの江角マキコ！」と叫んでポーズを決めた。二〇代前半の若者にさえ、ちゃんと理解されていたのは、ちょっとした感動であった。

第４話／忘れられない余韻を残す、日テレ「土９」の魅力

狂気の無法地帯、それが土９。

『地獄先生ぬ～べ～』（マギー・佐藤友治）は言うまでもなく二〇一四年最大の問題ドラマだろう。テンポがつかみにくい独特の会話の流れ、可愛いわけでも怖いわけでもないコメントに困る着ぐるみ妖怪、高橋英樹の熱量と対極にあるオリーブオイルを軽やかに操る速水もこみち、そして巨大で赤い坂上忍。一話見ただけで、わけのわからない黒い渦に巻き込まれ、知らない場所に連れ去られるような感覚にぞっとした。

原作は伝説の人気漫画、旬のキャストを実力派のバイプレイヤーで取り囲み、最近またスポットが当たっている妖怪を扱った一話完結の学園もの。この企画を聞いただけでは特に難がありそうには思えない。もちろん「鬼の手」を持つ教師を実写で描くなんてちょっと無茶なようだが、散々不安視された『怪物くん』（10、西田征史・高橋悠也）『妖怪人間ベム』（11、西田征史・高橋悠也）が成功した例もある。舞台を小学校から高校に替えたことが批判されているけれど、作り手のカラーで別物に生まれ変わった『野ブタ。をプロデュース』（05、木皿泉）や『金田一少年の事件簿』（95、深沢正樹ほか）の高評価でもわかるように、土９視聴者は原作への忠実さをそこま

で厳しく求めていないはずである。なにより、イケメンと三枚目を行ったり来たりできる絶妙なルックスを持つ関ジャニ∞（現SUPER EIGHT）の丸山隆平に、普段はお人好しなのにピンチになると絶大なパワーを発揮するスパイダーマン式のヒーローはよく合うはずだ。

それが、なんでこんな味わいになったのだろうと考えるうちに、いや、初めてではない。もっとも、とんでもない場面を、この時間に何度も目にしていることを私は思い出した。

かつて『池中玄太80キロ』（80、松木ひろし・松原敏春）を放送していたこともある土曜九時ドラマのターゲットは「子どもから大人までできるだけ広く」。一人でも多くが楽しめてハラハラドキドキできれば、設定が荒唐無稽でもストーリーの整合性が取れなくても構いませんぜ、という姿勢が最大の強みだ。そんな開き直りがうまく活きた例が『家なき子』（94、高月真哉・いとう斗士八、野島事務所脚本監修）だったりするのだが、一歩間違えると『聖龍伝説』（96、大石哲也・羽原大介）にもなる。変な味わいの作品が急増したのは、ＣＧの多用が許されるようになった九〇年代後半からだろう。限界ぎりぎりまでターゲットを広げようとして惜しみなく材料をぶちこんだ結果、万人受けするシチューやカレーではなく、忘れられない珍味が生まれるのは、ドラマに限らず、すべての物作りに言えることではないだろうか。

記憶から消せない土9問題作といえば、少女スパイの活躍を描いた『FiVE』（97、野尻靖之ほか）だ。アイドルとして人気絶頂だったともさかりえをセンターに鈴木紗理奈、遠藤久美子、篠原ともえ、知念里奈、と各分野から当時の一番人気を引っ張ってきたことがわかる配役（二〇一四年放送の『ファーストクラス SEASON 2』にともさか、篠原が出演中しており、知念までが同じ役名・マドカで途中参加したのは明らかにオマージュだろう）。予告編からハリウッドばりの脱獄や爆発シーンと豊富な予算を感じさせた（最近、芸能関係者に聞いたところ、あれほど贅沢なアイドルドラマを作ることはもう不可能だそうだ）。キラキラしたアクションとコスプレを楽しめる娯楽作かとときめいたが、予想は次第に裏切られていく。画面にたちこめる陰鬱なムード、裏切りに次ぐ裏切り、死と隣り合わせのミッションをいくつクリアしようが悪が栄え続けるやりきれなさ……。結論から言ってしまうと、レギュラーメンバーほぼ全員が悲惨な死に方をする。当時バラドルとしてひっぱりだこだった篠原ともえが額の真ん中を打ち抜かれて目をひんむく場面は、今なお私のトラウマである。MOON CHILDが歌うエンディング曲「ESCAPE」の疾走感と投げやりムードが（日テレドラマに非常によく出てくる）倉庫街を逃げ惑うキャストの姿になんともマッチしていた。惨殺シーンのせいだと思われるが、再放送もなく、今なおVHSしか出ていないのは非常に残念である。

同じく旬の人気者をありったけかき集めた、平和な青春コメディかと思いきや、想像の斜め上のぶっとび方をしたのが『ギャルサー』（06、藤本有紀ほか）だ。レミ（鈴木えみ）率いる渋谷で活動するギャルサー「エンゼルハート」。所属メンバーを演じるのは新垣結衣、戸田恵梨香、岩佐真悠子、佐津川愛美、そして矢口真里（下っ端ギャルの小賢しさを実に見事に演じきっている）。日々パラパラの練習に明け暮れる彼女達にまとわりつくのが、アリゾナから人捜しにやってきたカウボーイ、テンガロンハットがお似合いの藤木直人演じる北島進之助である。大自然育ちで人を疑うことを知らないピュアな藤木の言動によって、少女達が毎回大切ななにかを学んでいく……というハートウォーミングな作品であることは間違いないのだが、渋谷の真ん中で投げ縄を振り回す藤木のガラス玉のような瞳、エンディングにキャスト総出演で藤木の歌う「HEY! FRIENDS」に合わせ無表情に踊るパラパラ、問題の解決方法が落とし穴や西部劇ばりの大乱闘など腕っ節勝負である点エトセトラ、飲み下せない部分も多い。なによりも、毎回藤木直人とビデオ通話する、ジェロニモⅢ世役、古田新太の顔を真っ赤にした熱演に度肝を抜いたものだ。

そんな古田新太がさらに暴れまくった作品といえば『ぼくの魔法使い』(03、宮藤官九郎〈クドカン〉)だろう。クドカンによる笑えて泣けるホームドラマのはずが、蓋を開けたら、町田道男(伊藤英明)の溺愛する愛らしい妻・留美子(篠原涼子)が冷徹な実業家(古田新太)と入れ替わってしまうという摩訶不思議なプロットだったのだ。回を追うごとにだんだん可愛くさえ見えてくる篠原になりきった古田新太、阿部サダヲが住宅地で歌うまがまがしいオリジナルソング、うすのろ役の速水もこみち、本人役の井川遥のピンボケっぷり、玉突き事故的に登場人物が入れ替わるラストシーンでなんとも言えないカオスな余韻を残した。しかし、何年経っても忘れられない吸引力を持ち、今なお「クドカンベスト1」にあげる人間を何人も知っている。なにより当時、誰一人として触れる勇気がなかった、伊藤英明の死の香りすら漂う突き抜けっぷりを引き出しただけでも、日テレ史に残るドラマだと思う。

ツルッと咀嚼できそうで、喉につっかかる。食べやすい味なのに、胃にもたれる。そんな一見メジャーに見える珍作カルト作の宝庫、土9の歴史を辿れば、生まれるべくして生まれたことがわかる鬼っ子「ぬ〜べ〜」。これから地獄先生が私達をどんな場所に連れて行こうとしているのか、それは、作り手サイドにもわからないのかもしれない。

*

伊藤英明は二〇二四年現在この方向をさらに極め、沢尻エリカ主演の舞台『欲望という名の電車』でも出てきただけで「こいつはヤバイ」というオーラを放つ怪優になっている。

第5話 女の敵はどこにいる？／フェミニズムドラマ進化論

ついに、日本ドラマ界で直球のフェミニズムが描かれるようになった！　フジ木曜一〇時『問題のあるレストラン』(坂元裕二)は二〇一五年の幕開けを彩るにふさわしい迫力の意欲作である。男尊女卑がまかり通る大手飲食店運営会社で馬車馬のように働くたま子(真木よう子)は、親友・五月(菊池亜希子)が受けた凄惨なセクハラに憤慨し、関わった男達一人一人に氷水をぶっかけて即、解雇される。そして、男社会のルールからこぼれ落ちた仲間達を集結し、仇討ちと夢を実現するべく、屋上レストランをオープンさせるのだ。

女性の受ける性被害や性差別がドラマの題材になったことはこれまでもあった。『Dearウーマン』『離婚弁護士』(04、田渕久美子ほか)『七人の女弁護士』(91〜97、長坂秀佳ほか／06・08にリメイク作品が制作された)、最近だと『女はそれを許さない』(14、高橋泉ほか)。しかし、ここまで被害者側のストレスをクローズアップした上で、正義の味方や王子様がまったく登場しない作品はなかったのではないだろうか。たま子は決してヒーローではなく、そもそもセクハラ被害の当事者であり、NOが言えないお人好しだ。そんな彼女が仲間のために立ち上がる姿は頼りないゆえに切実である。なにより評価できるのが、数々のセクハラ描写を決して扇情的には描かない姿勢である。男性社員に取り囲まれ服を脱がされるシーンにしても、カメラワークや菊池亜希子の表情の変化で、おぞましさのみを取り出すことに成功している。さらに、これまで人格のないモンスター、記号的な悪として描かれてきた加害者サイドに杉本哲太、吹越満、田山涼成などの実力派を配し、リアリティを与えている点も新しい。

フジテレビといえばトレンディドラマの印象が強いが、実は八〇年代からさりげなくフェミニズム的なメッセージを秘めた作品を多く送り出している。バブルの代名詞『抱きしめたい!』(88、松原敏春)だって、実は主演のW浅野(浅野温子と浅野ゆう子)が最後に選び取るのは女同士の友情であり、社会の決めたルールからの独立なのである。

これがなければ『すいか』(03、木皿泉・山田あかね)も映画『かもめ食堂』(二〇〇六年公開、荻上直子監督・脚本)も生まれていないだろう、一九八八~九一年に放送された『やっぱり猫が好き』(清水東・三谷幸喜ほか)はもたいまさこ、室井滋、小林聡美演じる三姉妹のワンシチュエーションコメディだ。今では定番となったガールズトークものだが、最新スポットが舞台のほれたはれたが主流だった当時、勇気のある試みだったはず。そんなおなじみ三姉妹が、部屋の外で女の敵と戦うはめになるのが三谷幸喜脚本のスペシャル版『やっぱり猫が好き殺人事件』(90)。『警部補・古畑任三郎』(94、三谷幸喜)の前身ともいえるこの作品、三姉妹が正義感に突き動かされているわけではなく、いつもの延長線で探偵ごっこにのめり込んでいるだけなのに、プレイボーイな演出家の犯人(萩原流行)はどんどんペースを狂わされていく。私利私欲のために女性プロデューサーを殺害し、劇団を男尊女卑的な考えで支配する彼を、三姉妹がノリノリで糾弾し、アリバイをくずしていく様は痛快そのものだ。その結果、三人の意図しないところで、社会的に自分達と近いところにいる被害者女性の無念を晴らしてしまう展開は、二〇二四年の今作られたとしてもなんの違和感もない。

フジの提示し続けてきた女性解放の一つの完成形が、行政書士の活躍を描いたバディもの『カバチタレ!』（01、大森美香）だろう。当時ふんわりしたイメージだった深津絵里がクールでマニッシュな法の番人を演じたのも新鮮だったがそれ以上に、『悪魔のKISS』（93、吉田紀子）や『真昼の月』（96、遊川和彦）などで男性から性的に搾取される役が続いていた常盤貴子が（一九九六年放送、青柳祐美子脚本の『ひとり暮らし』では永作博美演じる親友だと思っていた人物にさえ性加害を受けそうになる）、初めて同性の相棒を得て凛々しく立ち上がる姿は画期的だった。口やかましい深津が、トラブルに巻き込まれやすい常盤の世話を焼き、どんな問題も紙一枚で合法的に解決してしまう。女の子は理不尽に耐えつつましく生きていればいいことはある、と主張する常盤に向かって「闘うの!」と深津が一喝するシーンは勇気づけられる。

「御大」こと中島丈博脚本『非婚同盟』（09）は昼ドラならではのやりたい放題が飽きさせない、真っ向勝負のフェミニズムドラマだ。舞台は七〇年代。勝ち気な少女・由起子は、身勝手で女好きな父の命令により、愛人とその娘・小百合との同居生活を強いられ、大好きな母が苦悩する姿を見て育つ。最初はいがみあいつつも、大人への不信感から意気投合し親友になる由起子と小百合。父親の暴力に悩む同級生の和子も加わり、三人は非婚五箇条を掲げる。恋愛や出産は経験するけれど決して結婚せず、経済的にも精神的にも自立する道を誓うのだ。裏切りや嫉妬など昼ドラらしいドロドロ展開や御大の得意とするエキセントリックな場面もあるにはあるのだが、必ず三人は共闘し、拍子抜けするほどあっさりと手を取って笑い合う。大人になった由起子役は非モテ女性を演じることが多い佐藤仁美である。男をとりこにしながらも求婚をはねのけ、保守的な女性観をきつい口調でめった斬るその姿は実に生き生きとしている。

いずれの作品も、働く女性の厳しい現状や孤独を描写しながらも、笑いや風通しの良さや明るさを忘れていない。それはフジドラマのもっとも良い部分なのだろう。

さて、たま子たちの屋上レストランは表参道ヒルズの裏側。つまり、脚本を務める坂元裕二の出世作『東京ラブストーリー』の終盤に登場するエリアである。カンチとリカはあの辺りで再会し、そして決定的に別れることになるのだ。カンチにとってリカは魅力的だけれど、最後まで手に負えない理解不能な存在として描かれている。それゆえ彼は無意識のうちに、彼女を傷つけてしまうのだ。

男性社員の心ない言動によってボロボロになった五月は「この人はわかっていない。わかってないことをわかってない」とつぶやく。『東京ラブストーリー』から二四年。男女の間に深い溝が横たわり、理解し合うことが難しい現状は変わっていない。とりわけ近年のセクハラ問題は、旧態依然とした男主導のルールがもう今の日本では立ち行かず、実は男性こそが激しく傷つき疲れ果て、女性への理不尽な憎しみを深めているという背景がある。たま子たちが仲間の仇を討つ過程以上に、敵役たちが今後どう描かれるかが、最大の見所だろう。それは、たま子が水浸しで叫んだ「女が幸せになれば、男の人だって幸せになれるのに」という台詞に集約されている。この数年のフェミニズムの流れの中でしきりに唱えられているように、女性が解放されなければ、男性だって解放されないのだから。東京を舞台に男女のドラマを描き続けてきた坂元裕二だからこそ今、両者の解放をなんらかの形で提示することができるのではないだろうか。

＊

このところ、真木よう子の体調が悪そうだったが、回復の知らせがあり、ホッとしている。長らくクールでミステリアスな印象があったが、情に脆いフェミニストなキャラも演じられる俳優さんなので、体調をみながら、復帰していって欲しいと願っている。

第6話／金と権力はお好き？愛と野望の復讐ドラマ

この一年間、私がもっとも多く心を費やしてきたドラマといえばこの『ハウス・オブ・カード 野望の階段』（13〜18、ボー・ウィリモンほか）である。好きすぎて、身近なファン同士（五名）で集って語る「ハウスオ部」という部活をつくったくらいである。デヴィッド・フィンチャー製作総指揮、ケヴィン・スペイシー主演、ホワイトハウスを舞台にした下院《かいん》議員の壮大な復讐ドラマ。日本では二〇一五年五月現在シーズン2まで見ることができる。

DVDが発売された当初はアメリカ版『半沢直樹』（13・20、八津弘幸ほか）という謳い文句だったが、それはちょっと違う。半沢ではなくむしろ「アメリカ版大和田常務」なのだ（見てない人のために。大和田常務は半沢直樹にとってのラスボス。香川照之（九代目市川中車）が大熱演した腐りきった悪党である。半沢に向かって「やれるもんなら、やってみな！」と言い放つ憎たらしさ満点の顔芸、最終回での屈辱にうち震える土下座姿はTBSドラマ史に残る名場面）。

実直な銀行員が欲にかられた上司たちに「倍返し」していく痛快さでヒットしたこの作品、実は亡き父の無念を晴らすため、というエクスキューズがある。敵を罠にはめる裏工作にしてもたぶん法に触れないギリギリの範囲だと思うし、常に弱きを助け、強きをくじく。頭脳戦ではなく市井の人々のサポートや友情によって勝っていくから、復讐劇もすんなり受け入れられたのだろう。

『ハウス・オブ・カード』の主人公、南部の貧しい生まれの議員、フランク・アンダーウッド（妻のみフランシスと呼ぶ）はほんまもんの悪党だ。約束されていた国務長官の席を奪われたフランシスは激怒し、大統領とその側近たちを次々に陥れ、合衆国のトップにじわじわ上り詰めていく。常に頭脳はフル回転、やるべきことだけを見据え、愚痴も弱音も吐かず、最短距離で出世街道をひた走る。人を切り捨てるどころか、平気で悪に手を染める。なにしろ、シーズン１のファーストシーンは、フランシスが車にはねられ助かる見込みのない隣家の犬を自らの手で殺す場面から始まる。カメラに向かってドヤ顔で「苦痛には二つある。自分を強くする苦痛、そして無益な苦痛。苦しむだけで意味がない。無益なものは耐えがたい」と低い声でゆっくり語る。温和な笑みで腹の底をさとらせない彼なのに、こんな風に時たま視聴者に向かって、どす黒い本音やひんやりしたユーモアセンスを見せてくれるのだ。二四時間戦闘態勢のフランシスだが、時間を捻出して、テレビゲームやジョギング、プラモデルを楽しんだり、朝ご飯に美味しそうなサンドイッチを作ったり、庶民派のスペアリブ店に通って店主と交流を深めたりもするが、次の瞬間、信じられないような冷酷さで我々をぐっと突き放したりもするのだからたまらない。こちらの半端な共感や同情なんてフランシスはきっと迷惑なのだろう。だからこそ、若手議員のピーター（コリー・ストール）や駆け出しの女性記者のゾーイ（ケイト・マーラ）といった、ただ悪ではないというだけが取り柄の、誰かに寄りかかるしか術のない、いわゆる視聴者側である人種が、それゆえフランシスに食い尽くされていく様は、我が身に起きたことのように痛々しい。

『ハウス・オブ・カード』のもう一つの魅力は、フランシスの妻クレア（ロビン・ライト）にある。半沢直樹の一回り以上若い妻、上戸彩演じる「花ちゃん」は、明るくお茶目で料理上手、夫のためにフラワーアレンジメントの仕事をあきらめたほど献身的、「理想の嫁」と賞賛されたキャラだったが、クレアはフランシスと同年代の皺も衰えもある強面のクールな女性である。ジョギングで鍛えた贅肉ひとつない身体に上質なブラックドレスをさらりとまとうベリーショートの彼女は圧倒的なかっこよさだが、政治家の妻である前にＮＰＯ法人代表者である。夫と同等の能力と出世欲を持っている氷の女王なのだ。フランシスにとって参謀役であり、共犯者であり、そして唯一の友達である。お互い恋人を作るのは自由というドライな夫婦だが、「サメが血を好むよりも強く」愛し合い、深い信頼で結ばれ、共通の敵があれば一緒になって叩きのめすという間柄は、下手なラブラブカップルよりよっぽど羨ましい。クレアとフランシスが窓辺で煙草を分け合いながらじんわり微笑み悪巧みをするシーンはこのドラマのトロの部分。若いゾーイが、クレアと全面対決してあっさり負けるエピソードなど小気味いいほどだ。このドラマの世界観において未熟さは忌むべきものであり、自分の頭で考えることができない人間は淘汰される。

詳しくは語られないもののフランシスには半沢直樹同様、悲惨な少年時代の思い出がある。ここぞという場面で、フランシスはこのエピソードを打ち明けてみせ、権力者や聴衆の心をぐっとつかむ。しかし、次の瞬間、カメラに向かって舌を出すような真似をするのだ。お涙ちょうだいなんてくだらねえ、同情なんてするな、足をすくわれっぞ、とフランシスにどやされた気がする。悪党が活躍する姿にカタルシスを感じる——。こうした物語をピカレスクものと呼ぶらしい。そう考えると、日本ドラマにピカレスクは少ない、というか現在ほとんどないような気がする。復讐ドラマはいっぱいあるけれど、どれも善人が壮絶に辛い経験を経て、哀しき鬼となる物語に限られる。

一番『ハウス・オブ・カード』のテイストに近い松山ケンイチ主演の『銭ゲバ』(09)にしても、松山の繊細な演技と岡田恵和《よしかず》の脚本で、痛ましい青春の物語となっていた。案外ピカレスクっぽいのは『マジすか学園』シリーズ(10〜15、森ハヤシほか)の渡辺麻友演じるネズミのパートかもしれない。ヤンキーだらけの女子校で、パーカにショートブーツ姿で暗躍する情報屋ネズミが、一人称「あっし」で、仲間を陥れてのし上がる姿には独特の小気味よさがあった。しかし、シーズン2で事実上のヒロインとなると、冷たい家庭に育った孤独な少女であることが判明し、弱さがさらけだされていくのである。

共感できなきゃ楽しんではいけない。若さに一番の価値がある。悪いことをするには誰もが同情するような理由が必要。『ハウス・オブ・カード』はフィクションの世界に蔓延する圧力に全力で否を唱える、いわば「真っ黒な面白さ」。まだごらんになっていない方は是非、確かめて欲しい。

＊

このように本気で夢中になっていたケヴィン・スペイシーは二〇一七年に複数の性的暴行を告発される。無罪判決は出たが、二〇二四年、途中降板した『ハウス・オブ・カード』の制作会社に一〇〇万ドルの支払いをすることで合意している。さらに『半沢直樹』の大和田役の香川照之も二〇二二年に性加害が発覚。

どちらも本当に大好きだった私は落ち込むとともに、この中の「まっ黒な面白さ」やそれを得意とする俳優をもてはやすことはやはり有害なのではないか？とも思うようにもなった。自分の嗜好を反省もしているが、二〇二四年現在、日本の深夜ドラマは女性ヒロインの復讐劇がまっさかりで、正直なところ、ついつい追いかけてしまっている。

第7話／憧れの都会、安らぐ地元。輝いて見えるのはどっち？

それに触れる前と後では世界が違って見える、というのが名作の条件だと思っている。『anan』連載陣・山内マリコのデビュー作『ここは退屈迎えに来て』は超名作だ。地方都市に住む女の子たちの鬱屈と心の跳躍を描いたこの連作短編集を読んで、私の世界は一変したのである。地方都市の抱える問題に将来の東京の姿を重ねるようにもなった。同時にドラマ、ことに月9の見方が変わってきたのである。

福士蒼汰演じる葵と幼馴染・あかり（本田翼）の恋模様を描く『恋仲』（15、桑村さや香）。葵たちの出身地は山内マリコの故郷、富山である。第一話のほとんどが富山で撮影されていた。北陸新幹線やローカル線、ご当地グルメが登場するものの、砂浜のある海が目の前にあるのになぜか泳ぐのは川や屋内プール。夏の月9としてはなにもかも異色である。

かつては主人公のバックグラウンドは曖昧にされるのがルールだった。古典『ロングバケーション（ロンバケ）』（厳密には一九九六年春ドラマだが）で南（山口智子）は瀬名（木村拓哉）と出会い、ほぼ初対面にもかかわらず彼の住む隅田川沿いのマンションに転がり込む。南は売れっ子モデルを気取るが、竹野内豊演じる弟によって「ミス長良川下り」であるとバラされて、どうやらそれを恥じているきらいがある（なぜ長良川かといえば、南だけではなく脚本家の北川悦吏子も岐阜出身だからだ）。瀬名はピアニストとしての成功をつかみ、南にボストンで暮らそう、と誘う。贅沢な海外ロケ、式場に向かって全力疾走する瀬名と南。当時の月9はとにかく見知らぬ誰かとガンガン出会うもので、すべては都会で起き、故郷は後ろに置いていくもの、結ばれた二人は手に手を取って未来に走っていくものだった。

『ビーチボーイズ』（97、岡田惠和）は反町隆史と竹野内豊が鍛え抜かれた身体を惜しげもなくサービスした人気ドラマだが、どちらかといえば、よそゆきではないゆるい日常の物語だ。主軸は友情であり恋愛ドラマでさえない。都会からふらりとやってきた二人は、海辺の町で暮らす人々にとっては非日常の象徴。海の家の看板娘役の広末涼子にしてみれば気さくなお兄さんコンビにして単調な暮らしをかき回してくれるヒーローズ。恋してもいいししなくてもいいという、恵まれたスタンスにある彼女が羨ましかった。このあたりから、月9は気合を入れて挑むハレの舞台ではなくなってきたような気がする。出会いとは自然に向うからやってくるものであって、手を伸ばして必死につかみとるものではない。無理して都会に合わせる必要もなくなった。

登場人物の目指す場所が未来ではなく過去に変わった分岐点は、山下智久が何度もタイムスリップして長澤まさみに気持ちを伝えようとする『プロポーズ大作戦』（07）。そして、脚本家の金子茂樹がもう一度同じテーマに挑んだのが『SUMMER NUDE（サマヌ）』（13）である。花婿に逃げられた花嫁（香里奈）がカメラマン（山下智久）のすすめで海の家で働くという、『ロンバケ』と『ビーチボーイズ』を足して二で割ったようなストーリーなのだが、あちらの軽妙な味わいはどこにもなく、びっくりするほど後ろ向きな夏月9として記憶に焼き付いている。タイトルにもなっている主題歌からして、真心ブラザーズの往年の名曲カバー。山下の忘れられない元カノ（またもや長澤まさみ）をはじめ、登場人物のほとんどが過去の恋愛をひきずり、時間が止まったような砂浜でひたすら低温の人間模様が繰り返される。それでも、出会いと旅立ちを描いた『サマヌ』はまだまだアグレッシブだったのである。

『恋仲』をもってして往年の月9ルールは完全に死ぬ。なにしろ、登場人物全員が昔からの知り合いなのだ。

幼馴染相手の恋のやり直しだなんて『東京ラブストーリー』のさとみバッシング時代には考えられない、禁じ手中の禁じ手である。美化された思い出の中の彼女にはどんな女も絶対に勝てないのだから。ボーイッシュなあかりは『失恋ショコラティエ』の小悪魔・石原さとみ以上のアンチヒロインなのである。おまけにあかりの恋敵までが、東京での元カノ（市川由衣）。英語の授業で習った過去完了形と過去形みたいだ。今（二〇一五年八月）のところ新規の出会いはゼロである。

ファーストシーン、葵は富山の海沿いをウエディングドレス姿で待つあかりに向かって全力疾走している。ここから過去に遡る形で、現在の東京、そして富山の高校時代へと物語は進む。

富山での時間を取り戻したい、あの頃に戻りたい、とことあるごとに葵は口にする。建築事務所で働き、『ロンバケ』を彷彿とさせる隅田川沿いのマンションで自活できる葵を冴えない男として描くのは相当な無理があるのだが、とにかく彼は現状の自分を受け入れていない。彼が理想とするのは常に、自分が輝き仲間達をリードしていた故郷での高校生活だ。

このご時世、もう誰も、あるかないかわからない出会いや絵空事みたいな大成功になんて貴重な時間を使えない。地に足のついたやり方で着実に確実に、できるだけ他人も自分も傷つけないやり方で身の丈にあった幸せを手に入れたい。心の底から好きだったかつての恋人や、大切な仲間や家族と過ごした地元に、月9が向かっていくのはごく自然な流れである。それが消極的だとか保守的だとか、誰も批判できないだろう。そもそも、昔から続いている人間関係の中でやりぬくには忍耐力や高いコミュニケーション能力が要求される。『グレート・ギャツビー』で描かれたように、過去を取り戻すというのは無謀な挑戦なのだ。出会い至上主義から卒業した月9が行き着こうとしているのは、おそらくは「思いやり」だ。なにかを切り捨てなにかをつかむという関係から、身近な誰かの立場を慮《おもんぱか》り、助け合うということに変わっていく気がする。そういえば、ここ数年、派手な展開がなくなっているのと同時に、物語の中で傷つく人数がどんどん減少していく傾向にあるのだ。

『ここは退屈迎えに来て』も現在から始まって過去へと戻っていく物語だ。ヒロインたちの記憶の中の故郷はキラキラしている。可能性と希望に満ちた自分、とびきりの輝きを放つ憧れのあの人が笑っている。今目の前にあるのはすっとぼけた街並み、もう若くはない自分、平凡なただの男になったあの人。そのどちらも否定せず、肩の力を抜いて受け入れる優しさが山内作品の大きな魅力であり、新しさである。

葵の恋はどうなるかまだわからないが、あかりを力尽くで奪うようなやり方は、今の時代にも富山の風景にも私は似合わないと思っている。ちょっととぼけた、でも真新しいセンスを感じさせる、誰も傷つけないようなやり方でヒロインをさらってこそ、新しい月９の潮流を築けると思うのだ。

＊

月９における地元と都会問題を私は長らく忘れていたのだが、二〇二三年『真夏のシンデレラ』（市東さやか）を見て、ハッとなった。この物語は地元の海で暮す庶民的な女の子を都会から来た王子様が見初めるというものなのだが、この地元というのが湘南、都会というのが東京で、両者に距離がそこまでなかったのである。「地元の月９」と「都会の月９」を超えて、地元と都会にそこまで差がなくカジュアルに行ったり来たりできる月９が今後どんどん出てくるのではないか、と予想している。

第８話／荒波も越えてみせます、ドラマ史上最高の夫婦たち

秋の夜更けにぴったりな英国発おしゃれミステリードラマ『トミーとタペンス―2人で探偵を―』（15、ジニー・ハリス、クレア・ウィルソン）の放送が二〇一五年一〇月に始まり、日曜日二三時が待ち遠しくて仕方がない。一九五〇年代のイギリスの街並みやインテリア（壁紙だけでも見飽きない）、タペンスのニットの着こなしに深みレッドの口紅、個性的な帽子の装いは見ているだけで幸せだし、おっとり感漂うふくよかなトミーに大塚明夫さんの穏やかな声がぴったりだ。ITが一切登場しないアナログなスパイ活動にもときめく。夫婦ものというと子育て中心のハートウォーミングな味わいになることが多いが、そこは英国。寄宿舎に通っているため息子がほとんど登場しないのもドライでいい。

ソファで紅茶を飲みながら楽しむのにぴったりなドラマなものの、アガサ・クリスティー作品を読み漁った小学校時代はあまり気に留めなかった夫婦の無鉄砲っぷりに時々、えっ⁉と前のめりになる瞬間がある。あれ、こんなに危険なミッションだったんだ！　ていうか、素人さんが首つっこんでいいレベルの事件じゃないよ！　そもそも夫婦は諜報員としての特殊な訓練なんてまったく受けていない。運動神経も知識も穴ぼこだらけ。でも、遠回りしながらも巨悪

をくじく力を持っているのは、二人の相性がとてつもなくいいためだろう。推理小説マニアで好奇心旺盛なタペンスが「私、これ本で読んだことある！」とグイグイ突き進むのを、トミーが「や、やめろよォ」と頭を抱えながらあたふた追いかけてサポートする。ボケとツッコミ、静と動、理論と実践。愛の結びつきうんぬん以前に、パートナーシップが抜群なのである。

出会いの場に行け、出産リミットを忘れるな、でも異性をびびらせない努力を、と女性を厳しく急き立てる昨今、忘れられがちなのだが、夫婦とはチームなのである。チームプレイに向かない人に周囲がこぞって結婚を押し付けるのはそもそも間違っている。欠点を隠して無難な相手に無難に好かれようとするより、素直に個性を出して、自分の欠点を補ってくれる相手、欠点を補ってあげられそうな相手を探した方が、人生という荒波を渡っていける良いチームを作れるのではないだろうか。

東芝日曜劇場（二〇〇二年より「日曜劇場」に名称変更）は夫婦ドラマを数多く送り出している。布施博と山口智子演じる夫婦が息子の小学校受験に奔走する『スウィート・ホーム』（94、西荻弓絵）は、放送当時、自分も中学受験中だったために「お受験まであと◯日」とテロップされる演出にのめり込んだ。周囲の価値観に影響され、なんの準備もないまま一年間で息子を超難関名門小学校に合格させようとする山口智子は、隣人の教育熱心なお母さん役の深浦加奈子や幼児教室の鬼先生役の野際陽子でなくても「甘い！」と突っ込みたくもなる。しかし、家族面談がなにより重視される、という入試スタイルのため話運びに無理がない。猛勉強やスパルタ教育というより、家族間のチームワークや信頼の厚さで勝利するのだ。同じ目標に向かって助け合ううち、パパ、ママ、と呼び合っていたサバサバ夫婦が男女としての潤いまで取り戻す。個人的には、段田安則演じる夫をその気にさせようとメガネを外しネグリジェでせまる深浦加奈子が最高だ。オチ担当のはずなのに、山口智子よりも、「エルメス」こと幼稚園のセレブママ・益戸育江（高樹沙耶）よりも、セクシーなのである。もっとテレビで彼女の活躍を見ていたかった。早逝が惜しまれる。

どんなに愛し合っていたとしても、生活をともにする相棒として相性が悪かったら、夫婦になれない、というキツい真実を突きつけたのが『最高の離婚』(13)だ。瑛太（現・永山瑛太）演じる神経質な光生、尾野真千子演じるおおざっぱな結夏は喧嘩の絶えない夫婦。勢いで離婚したものの、様々な事情から同居を余儀なくされ、関係が二転三転するコメディだ。ＬＩＮＥのどこよりも早い取り入れ方、当時はまだ知る人ぞ知る存在だったでんぱ組.incの登場のさせ方など坂元裕二の脚本のうまさは鳥肌もの。結夏が光生への本心を綴った手紙には、恋愛と結婚の違い、その難しさがこれでもか、と凝縮されている。「いろんなことの調整がうまくできないのです。好きな人とは生活上気が合わない。気が合う人は好きになれない。（中略）愛情と生活はいつもぶつかって、なんというか、それは、私が生きる上でかかえるとてもやっかいな病なのです」。物語は紆余曲折を経て、甘いラブストーリーとして結ばれる。しかし、二〇一四年二月に放送されたスペシャル版で我々は奈落に突き落とされるのである。

光生と結夏はやはり根本的には合わないということを誰もが直視せざるをえない事件が起きるのだ。「わかってたけど、私もあなたも気付かないふりしてたの。私が思う幸せはあなたの幸せじゃなかったの。あなたが思う幸せは私の幸せじゃなかったの」。結夏の独白はハッピーエンドで終わった本編を破壊し尽くしたといってもいい。能天気に見えた彼女が、コンプレックスだらけの弱い人間である、と打ち明けるくだりはむき出しの痛みに満ちていた。そう、二人で生きるということは誰かの痛みに向き合うことでもあるのだ。「無理して合わせたらだめなんだよ。合わせたら死んでいくもん。私があなたの中の好きだったところがだんだん死んでいくもん」。チームメイトとして最高の相手に巡り会えたとして、異性として愛せるかなんて、奇跡に近いのかもしれない。その逆もしかり。これればかりは努力や我慢ではどうにもならない。自分はどうだろう、と誰もが我が身を省みてしまう、静かな爆弾のようなドラマだった。

『吾輩は主婦である』(06)は家計のやりくりに追われるうちに、旧千円札の夏目漱石が乗り移ってしまった主婦みどりを斉藤由貴が、彼女にベタ惚れの夫たかしを及川光博が演じた、クドカン(宮藤官九郎)の昼ドラ挑戦作だ。現状に満足している平成の主婦であること、欠落感を抱えたまま書き続ける明治の文豪であることのバランスがみどりの中でせめぎ合い、心が壊れかける場面がある。作家として芽が出つつある高揚とプレッシャーの中、みどりは書けなくなってしまうのだ。たかしは妻の苦悩に生半可な理解を示したりはしない。僕の給料と君のパートで十分やっていける、お金の心配はしなくていい、と諭す。だから、焦らないで書きたいものが見つかるまでのんびり待てよ、と。一見愉快なホームコメディに見えて、生活と心の満足を両立させるにはなにが必要か、という問題に夫婦は毎回、真正面からぶつかっていく。愛や夢、いわば己のイノセンスを守るためには、生活やお金をないがしろにしてはならないのだ。みどりの中に住む夏目漱石は、最初は莫迦《ばか》にしていたたかしを信頼し、彼の口癖である「家族パワー」の助けを借りるようになる。

ままならない人生を支え合える相棒、欠点を補強し合える誰かがすぐそばにいることは、自分ばかりではなく相手をも強くしてくれる。誰もが合格点を出すような、情熱や緊張感を忘れない麗しいカップルでなくていい。ポンコツであれ、いびつであれ、ぶざまであれ、二人が揃って助け合っていれば、それは世界最強チームなのだ。

*

このように私はドラマの中の、暮らしをともにするチームっぽい仲良し男女が大好きだったわけだが、最近少し考えが変わってきた。別にカップルや夫婦でなくてもいいのではないか。愛し合ってなくてもいい。単に助け合っている男女のチームものをもっと見たい、と思うようになっているし、そうしたドラマもかなり増えている印象がある。

第2章

アイドルも、男も、女も、シニアも

二〇一六〜二〇一七年

第９話 光も影も、全部知りたい。／アイドルの輝きよ永遠に

『anan』連載陣・朝井リョウ作『武道館』がとうとう連ドラとしてスタートした（16、和田清人）。主演を務めるJuice=Juiceは、朝井リョウが愛好していることで有名なハロー！プロジェクトの注目株である。物語の要であるアイドルグループNEXT YOUとは、メンバーのひたむきさや人気の勢いなどJuice=Juiceと重なる部分も多く、ドラマスタート前から、登場人物になりきっての活動も注目を集めている。

周囲を実力あるバイプレーヤーで固めているおかげで、演技の経験が浅いメンバーものびのびと成長していけそうな余裕が漂う。ステージでのきりりとした佇まいからはほぼ別人のような、普段のあどけなさとのギャップも楽しめる。そうなると、ファンはどうしてもヒロイン・愛子と演じる宮本佳林を重ねてしまうかもしれない。原作では、愛子は幼馴染みとの恋愛か、グループの悲願である武道館に立つことのどちらを選ぶか苦悩し、ある決断をする。アイドルファンにとっては衝撃的な結末でもあるようで、ドラマ内ではどう描かれるかが早くも論争を呼んでいる。

この、アイドルがアイドルを演じ、そして内幕やタブーを描くという手法は、最近（二〇一六

年）だと、渡辺麻友主演『さばドル』（12、根本ノンジ・安倍照雄）が思い浮かぶが、記憶でもっとも古いものが中山美穂主演『ママはアイドル』（87、吉本昌弘）だ。

人気絶頂のアイドル中山美穂が実は、小学校時代の恩師と密かに結婚し、連れ子三人の母親であるという、リアルと虚構の入り混じるコメディ。最終回、なんと中山美穂は本物の中山美穂のコンサートの場を借りて、結婚していること、子持ちであることを告白。しんと静まり返るファン。二〇一六年のアイドル業界の価値観だと、暴動が起きて美穂が失神するまで石で打たれるんじゃないか、と震撼するが、コンサート終了後、押し寄せるマスコミから美穂を守るのは、なんと常についてまわる熱心な親衛隊である。おまけに子持ちを告白したことで逆に注目を集め、さらに人気が出てしまう。今だったらたとえフィクションだとしても、これだけのぶっちゃけをしておいてテヘペロ程度の謝罪では絶対に許されないだろう。主題歌の「派手!!!」は作詞・松本隆、作曲・筒美京平。文字通りド派手なチャラ男の彼氏にキツめの突っ込みを入れる大人びた女の子の日常をどこまでも軽快に切り取った、イントロだけで無条件にブチ上がる名曲だが、今だとやっぱりこの空気はタブー視される気もする。

これが復活してくれたらと日々祈っている「ボクたちのドラマシリーズ」の一作目、観月ありさ主演『放課後』（92）。原作は山中恒『おれがあいつであいつがおれで』。つまり小林聡美主演の映画『転校生』とほぼ同じ話なのだが、あちらのカルピス風味の郷愁はなく、バリバリのチーズとケチャップ味だ。音楽からセットまで完全に『バック・トゥ・ザ・フューチャー』を意識した、アメリカの学園そのものの舞台設定なのである。高校生がダイナー「P's Diner」でだべり、学園を見下ろすのはガーゴイル像、クライマックスのパーティーでは全員が盛装し生バンドでダンス（学校主催のクリスマスパーティーということになっているが背後にはPROM NIGHTとの電飾あり）、そこで振る舞われるフルーツポンチには、気を利かせたつもりのダイナーのマスター役の松崎しげるが「盛り上がらねえだろ？」とこっそり酒を注ぎにくるという世界観だ。そう、そこは、この世界のどこにも存在しない、脚本家・戸田山雅司の頭の中にだけある戸田山ユートピアなのである。彼は続いて、観月との再タッグとなる『じゃじゃ馬ならし』（93、神山由美子ほか）にも脚本家の一人として参加している。ヒロインと親友役の内田有紀がラクロススティックを手に通学するというアイデアに、日本中の女の子たちが魅了された。

戸田山ユートピア三部作の最後の作品・内田有紀主演『17才 -at seventeen-』（94、岡田惠和ほか）がDVD化されないのは、おそらくはヒロインの飲酒シーンのためだろう。問題児の内田有紀がひさびさに故郷に戻ってくる。セントウェルトン高等学院（！）に通うかつての六人の仲間は戦々恐々となるが……。今回は房総半島を舞台に繰り広げられる戸田山ユートピア、またしても「P's Diner」なるダイナーが溜まり場で、現実味のある風景はうまくカットされ、ぱっと見はアメリカのサバービアそのもの。なにもかもが浮世離れしている。娘の幼馴染みにビールをすすめる父親役のモト冬樹、親の居ぬ間のデートに浮かれる娘にさりげなく避妊を促す母親役の浅田美代子。戸田山ユートピアにはスクールカーストがまったく存在しないのも特徴である。

この幼馴染み七人グループにしても、イケてる女子三人（内田有紀、一色紗英、シューベルト綾）に対して男子四人のうち、一応王子様をギリギリ担当できるのは武田真治、残りは全員ボンクラというひびつな編成である。しかし、この三名が、女子勢に大して緊張もしなければ、遠慮もしないのが清々しい。おまけに、おのおののグループ外でほかの女の子たちと恋愛までする。ボンクラの一人を演じる、当時はバラエティ出身の色が強かった山本太郎の器用さが尋常ではない。アメリカ学園もののきらめきや生活スタイルは模倣するが、あちらにつきもののシビアな競争は排除する。この世界に参加したい、と素直に視聴者に思わせる、どこまでもおおらかで甘酸っぱい青春群像ものだ。エンディングテーマのtrf（現・TRF）の突き抜け感もお似合いである。

さて、アイドルの恋愛はアリかナシかばかり取りざたされる『武道館』だが、人間が本来持っているはずの自然な欲求に蓋をし、誰にとっても目障りでなくなるまで地ならししないと気が済まない現代社会にそろそろ抵抗を試みてもいいんじゃないか、というのが原作のメッセージだ。ハロプロの生みの親であるつんく♂が繰り返し繰り返し、楽曲を通して発信してきたテーマでもある。

子持ち男との結婚を無理やりファンに認めさせてしまう中山美穂の剛腕、日本であって日本じゃない街をガニ股で闊歩する不良の観月ありさ、男子をぶんなぐり飲酒するアマゾネスな内田有紀。いずれもフィクションの世界だからこそ許された自由ではあるが、それゆえに既存のルールでは計れない、強い輝きを放っている。

ドラマならではの『武道館』のラストはまだわからない。私としてはラブシーンやら衝撃の展開よりも、ストイックで常に王道を行くJuice=Juiceの見たことのない姿が見たい。彼女たちが持っている、こちらを圧するようなきらめきの爆発を、制作サイドが一瞬であれ切り取ってくれたら、と願うのだ。可愛い女の子たちのナチュラルボーンな光を目一杯浴びることができる青春ドラマ、私は今、本気で見たいのかもしれない。

＊

このドラマは、性加害や未成年との飲酒や淫行など、出演した俳優の犯罪が次々に露呈し、語ることさえ憚られるようになったが、私はJuice=Juiceの初期メンバーの活躍を思い出す上でも、なかったことにはしたくないと思っている。最近ではハロプロOGの鈴木愛理がドラマに進出してきていて、嬉しい。

第10話／今時の事情を抱えて、男三人、人生模索中

宮藤官九郎脚本『ゆとりですがなにか（ゆとり）』（16）は、ゆとり第一世代とされる二九歳の三人組、居酒屋店長の坂間（岡田将生）、小学校教諭の山路（松坂桃李）、風俗店の呼び込みで稼ぐ浪人生・まりぶ（柳楽優弥）が恋や仕事の壁に直面するという物語だ。これがめっぽう新しい。なにが新しいといってこのドラマが「自分探しの物語」ではない点である。

若者三人のドラマで日テレ、といえば、一九七五年に放送を開始した『俺たちの旅』（鎌田敏夫ほか）は外せないだろう。社会現象になるほどの人気で四クール、つまり一年間も放送された、今では考えられない超高視聴率ドラマである。カースケ（中村雅俊）、オメダ（田中健）、グズ六（津坂まさあき、現・秋野太作）が大学卒業後もどこにも所属せずに会社を立ち上げ、毎日を旅するように生きる青春ストーリー。大きな身体に照れた笑顔をのっけたヤング中村雅俊はなにもかも許されるほどチャーミングだ。スマホもパソコンも使わない、大人と子どもの間にいる気のいい三人のわちゃわちゃしたゆっくりな日常。それだけなのにものすごく贅沢に感じられるのは、我々がよっぽど時間に追われているためだろう。川と地上駅と低い建物のおかげで広々している七〇年代の東京の青空、豪華なゲストだけでも十分に楽しめる。とりわけ、自由奔放なアー

ティスト志望のかおり役の桃井かおりが切なく愛らしい。こんな楽しげな若者を国民総出で優しく見守っていたなんて、豊かだったのだろう。

ちなみに、『ゆとり』の坂間の妹・ゆとり（島崎遥香）は今時の大学生だが、学生時代はずっと就職活動をしてきて、特に青春らしい思い出はなかった、でも、周囲もみんな同じである、とそう残念そうでもなく語る。そんな物分かりのいいはずのゆとりが、意識の高さが災いして就職活動に苦戦しているのは皮肉だ。坂間を手こずらせるモンスターのような後輩（太賀、現・仲野太賀）だって、巨悪というよりは、人から認められたい欲を肥大化させた子どもにすぎない。カースケたちのように、周囲に急かされず焦らずのびのびした時間を送れば、誰だって、自意識をこじらせることも、自分を何者かに見せようと暴走することもないだろうに……。ゆとり世代にゆとりなどないことに今更どきっとする。

私の世代にとっての男子三人ドラマといえば、ともに一九九八年に放送された長瀬智也主演の月9『Days』（大石静）とV6のComing Century主演『PU-PU-PU-』（那須真知子・武田百合子）である。今見ると、クドカン作品に出会う前の長瀬と岡田准一が、なんのくせもないキラキラした超美少年である点にびっくりする。まこっちゃん（『池袋ウエストゲートパーク』（00））、ぶっさん（『木更津キャッツアイ』（02））になる前の二人は、現在の魅力である抜け感や色気やけれん味は感じられない、生まれたてのバンビのような存在だったのである……。宮藤官九郎が役者に与える影響の大きさに改めてうなる。『Days』は父親に反発して上京した長瀬智也が友人役の金子賢、小橋賢児に出会い、ヒロイン役の中谷美紀と菅野美穂の両方から想われるという王道青春グラフィティだ。長瀬と中谷は会えば喧嘩ばかり。この中谷が今見ると『アラサーちゃん　無修正』の非モテちゃんのようなシルエットのファッションで、好きな相手に素直になれない、ものすごく意固地な性格の女の子を完璧に演じている。画家を目指す小橋は中谷への想いを胸に事故で死亡。登場人物はみんなぶつかりあい、大人社会の汚さに傷つき、反発し、時間をかけて自分の道を探していく。『PU-PU-PU-』もフリーターとなった少年三人が、両親に反抗し、恋や夢に悩みながら、やがては父親たちの苦しさを理解し、自分を見つける。両方とも登場人物たちに時間と体力があって、喧嘩や怒鳴り合いを厭わないこと、自分探しのゴールが父親との和解である点などが、共通している。

さて、宮藤官九郎はこれまでにもアラサー男性三人組の物語を書いている。主演の織田裕二の入院のために二話で一旦休みとなり、七話で完結になった『ロケット・ボーイ』(01)だ。ゆるやかなサラリーマンコメディにみせつつも、いつの間にか周囲に流されてしまう怖さ、若さを少しずつ失い、ひたひたと迫る決断のリミットがリアルだった。最終回、織田裕二は宇宙飛行士を目指して会社をやめ、ユースケ・サンタマリアは逃避行を経て今ある人生を受け入れ、市川染五郎(現・十代目松本幸四郎)は両親へのコンプレックスに打ち勝つ。三人にはそれぞれに乗り越えねばならぬ父親(ユースケのみ舅《しゅうと》だが)がいて、彼らとの和解や歩み寄りも見所だった。

あれから一五年。『ゆとり』は反「自分探し」にして、父親不在の物語だ。まず坂間の父親は亡くなったばかり。山路の父は登場しないが、ほとんど役に立たない「レンタルおじさん」(吉田鋼太郎)に坂間と同様にわざわざ金を払って話を聞いてもらうあたり、同性の年長者との対話に飢えているのは明らかだ。その「レンタルおじさん」の実の息子であるまりぶは、家族を捨てた父親にまれに金をたかりにくるぐらいで、まったく期待していない様子である。

フィクションの世界どころか、もはや現実社会自体に父という存在がいないのが二〇一六年である。重い責任を引き受け、時間をかけて人を育てる余裕のある大人などなかなかいないし、そのことで誰かを責めるわけにもいかない。それなのに日本社会は家父長制で成り立っているので、しわ寄せはすべて若者や弱者がくらうことになる。坂間が出会う、通勤中に自殺した青年の母親が、怒りや悲しみをぶつける場所を見つけられずに戸惑う場面が象徴的だ。父なる存在に叱られる経験を経てこなかったゆとり世代の彼らが、初めて叱る立場となって、自分たちよりさらに打たれ弱い後輩や部下に手こずらされ、悩まされるのがこの物語の核となる部分だ。

そんな中、父親の役割を意図せずに果たしている人物が一人だけいる。まりぶである。まりぶは人との距離の取り方が独特で、周囲を面食らわせる変人であり、一児の父ではあるが、社会的にアウトローだ。そんな彼が、回を追うごとに、仲間の精神的支柱となりつつある。山路にハラスメントする教職者たちを一喝し、坂間が手を焼くモンスター後輩をどなりつけ、真実をずばりと口にする。彼の不思議な活躍を見るにつけ、その時々で、まりぶのように引き受けられる人が父親役を担えばいいのかもしれない、と気付かされる。「レンタルおじさん」のように外注してもいい。一番いいのは家父長制ごとなくしてしまって新しい社会を構築することなのだが。

『ゆとり』の三人は終わりのない旅に出ることはないし、人生の師に出会うことも、大いなる敵と戦うことも、輝かしい新天地を目指すこともないだろうと思う。だからこそ、今居る場所で、なんとか細かく息継ぎしながら、理不尽な日々をどうにかやり抜いていく彼らの姿は胸を打つのかもしれない。健気に耐えるばかりではなく、受け流したり、やり過ごしたり、さわやかに裏切る方法をたくさんたくさん身につけて。その緩やかなサバイバルには、今回取り上げた過去の群像ドラマの名作にはなかった、すごみが漂うのだ。

＊

このように私はクドカン信者だった。このドラマも大好きだったが、よくよく考えてみるとクドカンが「父の不在」を皮肉っているというよりは、悲しんでいたのかもしれないと、気付かされるのである。

第11話　松嶋菜々子出演作に見る、女の役割について

前クール（二〇一六年四月クール）『ゆとりですがなにか』は人を育てるシステムが抜け落ちた父親不在の日本を鋭くえぐったコメディであり、主人公・岡田将生演じる坂間は最後まで「父親」を探さなかった。誰もが父親役を引き受けたがらない社会。ならば、一人にすべてを委ねるのではなくおのおの助け合って補い合って許し合えばいい、という考え方に行き着く。一方で男たちが責任から降りたぶん、女のやることが増えるというダークサイドもちゃんと描かれる。坂間の恋人・茜（安藤サクラ）はサバサバしていて有能。いつもお母さん役を引き受けている。そんな彼女がフラストレーションから、酒の勢いで好きでもない男とセックスをし、それが罰されない展開は新しかった。しかし、私は少々ひっかかったのである。

父親不在の社会であっても、女は引き続き旧タイプの母親像を引き受けねばならないものだろうか？　そんな疑問を持ち越したまま迎えた今クール（七月クール）、松嶋菜々子の主演作『営業部長　吉良奈津子』（井上由美子）は夏疲れした胃にくらった鈍痛だ。

育休を経て職場復帰した吉良奈津子は、かつての部下・高木（松田龍平）に席を奪われ、お飾りの営業部長としてやる気のない部下を押し付けられる。もともと傲慢な性格の吉良は、元の

部署に復帰したい一心で、ルールを無視した暴走で周囲を辟易させてしまう。一方、家庭ではベビーシッター（伊藤歩）が夫（原田泰造）を誘惑。愛息子も手なずけられ、吉良は職場にも家庭にも居場所を失い絶体絶命――。追い打ちをかけるように「さて、負けず嫌いの元　女王さまは広告の国で再びのし上がっていけるのでしょうか？」と、意地悪な語りがかぶさる。

この「元　女王さま」というフレーズだけは聞き捨てならない。というのは、松嶋菜々子という女優はフジテレビで九〇年代からずっと女王様役を演じてきたのであり、それがどんなに最悪な性格であれ、必ず物語の中において許されてきたからだ。今作、〝ヒロインの性格が悪くて応援できない〟という意見が多いようだが、かれこれ二〇年近く祭り上げておいて、母親役になった瞬間なんなんだよ、この手のひら返しは……!!

周囲を舐めくさったクイーン。そんなキャラが定着したのは後の夫・反町隆史のポイズンで有名な『ＧＴＯ』（98、遊川和彦・菅良幸）からだろう。松嶋演じる冬月あずさは客室乗務員を夢見、いつも辞表を持ち歩く腰掛け気分で責任感ゼロの合コン大好き教師。反町演じる元ヤン熱血教師を引き立てるための、マドンナ役として必要なのはわかるのだが、それだけだったら別に性悪という要素は必要ないのである（原作の冬月はひたむきで真面目で素朴なショートカット女性である）。でも、不思議と憎めないのは、職場での完璧ぶりとオフの憎たらしさのギャップが見事なのと、金も名誉もないアウトローを愛してしまうという結末が用意されているためだ。このキャラクターは代表作『やまとなでしこ』でも受け継がれる。

ニュース番組の敏腕プロデューサーを演じた『美女か野獣』(03、吉田智子・武井彩)でも、やはり職場をなめきっている点と不良(ここではチャラ男の福山雅治)を愛してしまうという点が共通している。エリート女が個性豊かな部下に揉まれ、一話完結で問題に向き合っていくという展開は『吉良奈津子』の仕事パートにそっくりだが、スカパラ(東京スカパラダイスオーケストラ)の主題歌に乗ってすごい勢いでストーリーが疾走し、全員がパパパッと協力し合う『美女か野獣』にはスッキリとした爽快感があった。深浦加奈子、児玉清、渡辺いっけい、八嶋智人、佐々木蔵之介らのチームワークには見惚れるばかり。ちなみに、大雪で首都圏の交通網がストップし、おのおのが特技を駆使して大活躍する第四話は神回。慣れないAD役に奮闘する松嶋がキュート。そう、いつだって松嶋が演じた女王さまは愛されてきたのである。

第三話で吉良奈津子はセックスと引き替えに仕事を与えるという加害行為を受ける。つっぱねることができずに凍りついていると部下が助けにくるという展開は『美女か野獣』にも似た回がある。あの時の福山はそのまま王子様となったが、今回は冷めきった目つきの不景気世代代表の松田龍平。抱きしめられるどころか、後ろめたいやり方で仕事をとろうと考えた吉良奈津子は軽蔑されるのである。このことから吉良は心を入れ替え、過去を捨てる決意をする。部下の信頼を勝ち得、愚直に一から精進することを誓うのだが——。

釈然としないのは、今のところ吉良以外、誰一人として変わろうとしないためだろう。セクハラ野郎はまったく罰されず、加害を受けた吉良が成長しなければならないのは変だ。気付けば、責任を引き受けた女のところにのみ、どんどん仕事が集まってくるだけである。忙しくなった妻に甘えられなくなった原田泰造がブータレて、ベビーシッターの誘惑にころっとまいる姿を、誰も作り事として笑えないだろう。母親応援ドラマにおいても父親は不在なのである。

プライベートも仕事も両立できて当たり前、迷惑かけず、鋼の強さと女らしさを併せ持て。働く母親業に限らず、メディアが我々に押し付ける無茶ぶりが、こんなところでもヒロインに課せられている。そして、受けて立とうとがむしゃらになる姿が正しいものとして処理されている。助け合ったり、落ち着いて話し合ったり、分業したりする姿はいつまで経っても、許されないのだろうか。

さて、パーフェクトヒューマンを演じることが多い松嶋がかつて一度だけ、パートナーと役割を折半したことがある。忘れられない『古畑任三郎』シリーズ、松嶋菜々子が二役を繊細に演じ分けた『(古畑任三郎ファイナル) ラスト・ダンス』(06)だ。人気脚本家・加賀美京子は、実はもみじとかえでという双子の共同ペンネーム。家に篭りきって台詞を考えるのは内気なもみじ、華やかで弁が立つかえでは打ち合わせや広報、プロットを担当。この姉妹間で殺人が起きる。どちらがどちらを殺したか、というのはネタバレになるので伏せるが、この物語の一番の美点は、どちらの役割に上も下もなく、どちらの能力も仕事において欠かせないものだ、と古畑が証明するところだ。さらに事件解決後もう一度見返すと、軽薄に描かれているかに見えたかえでの、さりげない気配りや頭の良さが再発見できる作りになっている。そもそも柔らかさと完璧さを当たり前のようにたった一人に求め、それが両立できていないと失格の烙印を押すなんて、それこそ殺人みたいなものだ、と気付かされる。三谷幸喜のドラマ愛と業界への問題提起が炸裂した最終回にふさわしいクオリティであり、会話の中に『吉良奈津子』の脚本家・井上由美子の名まで出てくるので、必見だ。

そういえば、松嶋菜々子の演じるキャラは昔から同性の協力者に恵まれない（『魔女の条件』（99、遊川和彦）の西田尚美の裏切りよ……）。だから、有能そうな伊藤歩が風のように現れた時、さらに彼女がプロでありお金で雇えるとわかった時、私はとても嬉しかった。せめて、ベビーシッターくらい、安心して頼っていいではないか。女が女の手を借りると痛い目にあうよ、という脅迫めいたその後の展開は、なんだかとっても切ない。一人でなにもかも引き受け、誰にも迷惑をかけないでかっこよくやり抜くなんて、たとえ本物の女王さまにだって無理な話なのだから。

＊

松嶋菜々子にシスターフッドを！　女のバディを！とずっと騒いできた私なのだが、二〇二四年放送の『GTOリバイバル』（山岡潤平）のラストシーンで、実生活でもパートナーである反町隆史演じる鬼塚英吉の妻・あずさとして登場し、息ぴったりのかけあいを見せてくれた。松嶋菜々子の最強バディは反町隆史なんだなあ、となにか深いところで納得がいったのである。

第12話／ときめきと安定した生活。両立は、叶いますか？

現在（二〇一六年一一月）絶好調『逃げるは恥だが役に立つ（逃げ恥）』（野木亜紀子）は、これまでの日本で作られたどの夫婦ドラマにも似ていない、アイデアと配慮に満ちた、革新的作品だ。大学院卒のみくり（新垣結衣）はほがらかで有能な女性だが、不運が重なり、就職さえ叶わない。父の知人の平匡《ひらまさ》（星野源）の家事を代行するうち、能力を評価され、賃金を得る喜びを噛み締める。平匡もまた、みくりの提供する健康的な食事や環境が、自分の暮らしにとって必要不可欠であると知る。二人は密かに雇用関係を結び、契約結婚することになる。恋愛経験ゼロで自尊感情に乏しい平匡と、元彼の一言から己の個性にコンプレックスを抱くみくりだが、それぞれコミュニケーションに四苦八苦しながら信頼関係を築き、ゆっくりとだが恋愛感情を育むようになる。

恋やセックス、就職や経済の安定、すなわち今までのトレンディドラマでは「できて当たり前」とされていたことが、もはや、現代の男女にとって贅沢品になったと今作ははっきり提示した。いわばこれまでのドラマのスタート地点五〇〇メートルくらい手前から、平匡とみくりは匍匐《ほふく》前進で突き進んでいく。それだけでも相当新しいのに、多種多様な価値観を持つ登場人物全員に説得力があるので、誰も傷つかず、それでいて毎回少しだけ新しい発見を視聴者に与える丁寧な構造になっているのだ。

平匡とみくりがともに力を合わせて目指すのはいかにして二人の生活を快適にするか、その一点だけ。平匡は激務を乗り切るため、みくりは職務をまっとうし賃金を得るためにクリアしなければならない必須ラインなのだ。みくりの家事はてきぱきとして無駄がなく、有償であるゆえ、きれいごと感はゼロ。食卓のシーンがよく映るが、丁寧な食事というわけではなく、クックパッドを見て作る経済的で手軽なメニューだ（番組専用のクックパッドあり）。生活と経済、ないがしろにできないこの二点に真摯に向き合い、具体的な数字や手順まで提示した夫婦ドラマは今まで『吾輩は主婦である』を除いて、私は見たことがない。

今の感覚から見れば非常に恵まれたカップルながら『Age,35 恋しくて』（96、中園ミホほか）は、修羅場続きだ。中井貴一演じる食品会社勤務の英志と田中美佐子演じる朱美は可愛い双子を育てる仲良し夫婦。しかし、真面目な英志には瀬戸朝香演じる魅力的な愛人・ミサが居て、妊娠発覚。夫の不倫に苦悩する朱美もまた、陶芸教室の講師である椎名桔平演じるシンと恋愛関係に。ダブル不倫の泥沼のうち、双子が成長し、海外に飛び立つのを待って、朱美はシンと、英志はミサとその子どもとの暮らしを選ぶ。好きな男の元に妻を送り出す英志はまるで優しい父親のよう。クズな行いをしてきたにもかかわらず、なんだかとても物わかりのいい人に見えてしまうのは、中井貴一の上品な魅力だけではなく、たぶん、朱美にも新しい相手が用意されているからにほかならない。でも、なんだろう、この釈然としないが、やり過ごす以外道の残されていない感じ……。

結婚の安定感と恋愛の楽しさ、両方のいいとこ取りをする方法はないものか？　この難題に挑んだのが『週末婚』（99、内館牧子）。永作博美演じる月子と松下由樹演じる陽子は正反対の姉妹。あることをきっかけにいがみ合うようになり、仕事から結婚生活までいちいち張り合うようになる。結婚以来「男女の牙」が抜かれてしまいパートナーとうまくいかなくなった陽子。そんな姉を反面教師に、月子は週末だけ一緒に過ごす「週末婚」を婚約者の仲村トオルに提案するのだが……。合理主義者の平匡とみくりの感覚からすれば、信じられないほどコストパフォーマンスの悪いこの週末婚。しかし、動機はどうあれ未踏の領域に果敢にチャレンジしようとする月子の姿は目が離せないし、様々な結婚観を持つ登場人物がズタボロになりながらも自力で出す結論にも重みがある。

生活の良きパートナーである妻と魔性の愛人の立場を入れ替えたら、一体なにが待っているか？『水曜日の情事～a Wednesday love affair』（01）が出した答えは本当に容赦がない。本木雅弘（モッくん）演じる編集者・詠一郎は担当作家の前園（原田泰造）にインスピレーションを与えるべく、サバサバしたキャリア妻・あい（天海祐希）の親友である未亡人・操《みさお》（石田ひかり）の誘惑にあえて乗っかってしまう。あいと操の間で揺れ動き、安定とときめきの美味しいところだけをなめる詠一郎だが、すべてがバレてあいは去り、川を挟んだ隣町で、操と暮らすことに。前半戦ではエロチックでスリリングだった、古風な木造家屋に住む献身的な操との暮らしは、日常になると、途端に退屈でしみったれたものになることが残酷に描かれる。そうなると、俄然輝いて見えるのは、川向こうで暮らす、仕事に邁進するスタイリッシュな元妻。あいと操の立場は逆転するのだ。モッくん演じる詠一郎は『Age,35』の英志以上のクズ、しかし、二転三転するプロットの妙と小道具のうまさ、結末は女同士の濃い関係の勝利など、野沢尚《ひさし》の最高傑作だ。

いずれの登場人物も、日常と格闘し、試行錯誤している点では、みくりや平匡と変わらない。しかし、全員が生活よりも、男女としての潤いを重視しているのがポイントだ。結婚してもドキドキを最優先したら、心豊かで平穏な日常はあきらめるしかないのだろうか。でも、それって結婚した意味があるのだろうか。三組の夫婦はいずれもヒリヒリするようなスリルの中に身を置き、ある者は新しいパートナーを選び、ある者は一定の緊張感を保ったまま夫婦であろうとがむしゃらに努力する。でも、その先に待っているのも、また同じような日常であり、やっぱり生活の繰り返しである点は変わりがないのだ。いずれのラストも、そうハッピーエンドに思えないのは、主人公たちが早晩、同じ問題に直面するだろうと我々にはわかるからである（天才・内館牧子はもちろんその部分までフォローしているから恐ろしい。一九九九年放送の『週末婚スペシャル』ではその後の月子たちを襲う惨劇が描かれる。本編以上の地獄絵図）。

今回取り上げた過去ドラマ三作品はいずれもオープニング映像で、主要登場人物である男女が、それぞれの主題歌（登場順にシャ乱Q「いいわけ」、AN-J「笑顔が見える場所〜I WANNA GO〜」、久保田利伸「Candy Rain」。いずれも超名曲）に乗せて、視線を絡ませ合い、すれ違い、パートナー交換を予感させるイチャイチャを繰り広げている。一見幸せそうな夫婦であれ水面下ではスリリングな男女の駆け引きが繰り広げられているというメタファーなのだろう。ところで『逃げ恥』のエンドロールの舞台はキッチンと居間。星野源の『恋』に合わせて登場人物全員カメラ目線で呼吸をばっちり合わせながら、それぞれの個性が光る見事なダンスを踊る。軽快で、可愛くて、楽しそうで、ちょっと滑稽。そこにはイケてるカップルでなくても別にいいじゃないか、という気持ちのよい開放感が広がっている。その姿を見ていると、社会的プレッシャーから逃げても、恥をかいてもいいから、目の前の大好きな人を大切にしながら、生活をしたたかに貪欲に楽しもう、という力強いメッセージが伝わってくるのだ。

＊

その後二〇二一年の続編（『逃げるは恥だが役に立つ ガンバレ人類！新春スペシャル!!』）では、社会規範やコロナ禍と闘い、妊娠出産をともに乗り越えていくみくりと平匡が描かれる。野木亜紀子はいつも、政治と生活は直結していることをストレートに描いている。最近だと衣食住を通じて規範と闘い、人生の手綱をはなすまいと奮闘する生活のドラマは、同性カップルや友達同士が主役となるケースが目立ち、そっちも非常に楽しみにしている。

第13話／曖昧さの向こうにあるもの。坂元裕二脚本の魅力とは

現在（二〇一七年三月）放送中の『カルテット』にひきこまれるあまり、生活がほぼこのドラマ中心に回っている。カルテット（四重奏団）を結成した四人の男女（松たか子、満島ひかり、高橋一生、松田龍平）、実はそれぞれに秘密と過去があり、脚本家・坂元裕二の持ち味がぐるぐると渦を巻く贅沢なパフェのようなサスペンスコメディだ。松田龍平が同僚役の菊池亜希子にプロポーズする気持ちがわからず「あれはどういうことなんだろう」と討論しまくったり、高橋一生が口にする「行間案件」は我が家ではちょっとした流行語となり、満島ひかりと松たか子がカツ丼を食べれば翌日はカツ丼を食べる。今は親友と、軽井沢のロケ地巡りをする計画を立てている。最近はNetflixで海外ドラマを楽しむことが多く、ここまでハマったリアルタイムの地上波国内作品は久しぶりである。

坂元裕二の描く世界は、視聴者目線に立った従来の日本ドラマとは全然違う。もちろん、私はドメスティックなルールに満ちたドラマも大好きなのだが、登場人物がなかなか本音を言わない、簡単な正解を決めない、善悪さえ曖昧、といった坂元作品を味わうと、そういった作品が薄味に思えるのも事実だ。

坂元裕二のすごさを世間に知らしめた『それでも、生きてゆく』(11)を私が初めてテレビで目にしたのは、「神回」と名付けられその後、何年も語り継がれることになる、犯罪被害者の母親役の大竹しのぶが感情を爆発させるシーン(第5話)の最中だった。信じられないほど密度の濃い長台詞に引き込まれながら、こう思った。「このドラマを書いた人は、おそらく日本のドラマのゆるさが大嫌いなため、ものすごく高い志を持って、改革するつもりでこの分野に殴り込みをかけてきた、映画とか演劇畑の、まっさらの新人に違いない」。ところが脚本家名を探したところ、彼こそがあのトレンディドラマの金字塔『東京ラブストーリー』の生みの親であり、日本のドラマメソッドをあざ笑うどころか、むしろ進んで構築してきた超ド級のベテランであることがわかったのである。

そう、わずか一〇代でデビューした坂元裕二は「ふつうの日本のドラマ」を、一回や二回ではなく、何十年にもわたって作り続けていたのである。

一番信じられないのが、隣同士の部屋に住むことになった織田裕二と矢田亜希子主演の月9『ラストクリスマス』(04)を彼が書いたという事実である。矢田亜希子が難病を抱えていたり元ヤンだったりと要素てんこもりなのだが、それはあくまでも物語を盛り上げるエッセンスであり、切実さからはほど遠い。見どころはあくまでも海外ロケの雪景色と織田裕二の歌う調子っぱずれのワム!(織田裕二 with ブッチ・ウォーカー)だ。一番気になるのが、主人公の親友役を務める伊原剛志のキャラクター。憎めないお坊ちゃん気質の御曹司……、とも受け取れるが、狙っている女をお気に入りだからという理由だけで秘書に昇格させてしまうあたり、セクハラと真摯に向き合った『問題のあるレストラン』を書いた人間の作品とは思えない。

こういった違和感を覚えるのは、様々な問題を「仲間《なまか》との絆」のパワーでのしてしまう『西遊記』（06）しかり、エンドロールで自らが歌う「君の瞳に恋してる」（UZ名義）とともに海から上がってくる巨人の織田裕二がすべてをクラッシュする学園ドラマ『太陽と海の教室』（08）しかりだ。思うに、これは坂元裕二のせいというより、様々な制約のある月9という背景プラス、織田、香取慎吾など主演俳優たちのキャラクターの強烈さもあいまって、今のようにのびのびとは描けなかったのかもしれない。そもそも、ここで取り上げた過去作品は、わかりやすい登場人物による無駄がない物語で、のちに彼が自分に向いていないと発言しているスタイルだ。

坂元裕二が一時的にテレビドラマから離れていた時期もあると知ると、どうしても私は想像してしまう。あの頃は、個性を殺して視聴者のニーズに合わせていたのか？　のちに何者かが彼に憑依したということは、ありえないか？　それか、人生を揺るがすような大事件が起きて、価値観が一変した？

しかし、どうやらこういった時期でさえ、誰かに圧力をかけられ、いやいや書かされていたというわけでもなさそうだ。坂元裕二はこう述べる。

「サブカルチャー的なものや実験的なものを作りたいという気持ちは全くないんですよ。常にテレビドラマの真ん中の、王道のジャンルをやりたいと思っていて」（『ユリイカ』二〇一二年五月号、

一一〇頁)

確かによくよく冷静に振り返ってみれば、その根幹は『東京ラブストーリー』からずっと変わらない。本人も認める通り、キャストありきで物語を構築していくやり方は業界のセオリーにのっとっている。シングルマザー問題や貧困、少年犯罪を描いていても「ドラマというのは対立する考えを持った二人の人間が会話すること」(前出、一二一頁)と語る通り、社会の暗部をえぐるというよりは、異なる人間が出会って歩み寄ることを常に中心に置いている。『カルテット』も通好みと言われているが、バブル期に流行った恋愛群像ものであり、謎を小出しにして注意をそらさないやり方は、フジドラマ黄金期に培ったであろうメソッドから外れていない。本人も「『ダブル浅野』の時代に戻りたいと思ってる」(前出、一一五頁)と言う通りだ。

たったひとつ、転機のヒントを匂わせる発言がある。

「10年ほど前に何かで、男女がキスをしている後ろで車が燃えている一枚の写真を見たんです。それを見たときに、『ラブストーリー』でも男女だけで成立するわけではない。社会で起きているいろんな出来事が作用するし、逆に男女の間に起きていることが社会にも作用している』と妙に腑に落ちたんですね。あのころから『個人を描くときにその背景は真っ白ではない』ということをどこか強く打ち出している気がします」(『是枝裕和 対談集 世界といまを考える1』PHP文庫、二〇一五年、三四一頁)

そういえば『カルテット』もご飯が美味しそうな楽しい同居ものに見えて、世相と密接に関係した、居場所を持たない男女が家族原理主義から脱却しようとする物語だ。夫殺しの疑惑をかけられている松たか子は、自分の未来を彷彿とさせる孤独な老人を蹴落としてまで仕事を得る。満島ひかりはギリギリのところで父親を見放し、自分を救う。狭い人間関係を描いているようで、ちょっとした会話や動作の端々に、もはや従来の家族像が立ちいかなくなりオリジナルの共同体を構築することを迫られた、若さを失いつつある世代の葛藤がにじんでいる。

生徒役の多くが人気者となった『太陽と海の教室』は国内ではＤＶＤ化すらされていない。数字の上では成功だった『西遊記』『ラストクリスマス』もドラマ好きの間で語られることはほとんどない。それでも今の坂元裕二を構築した作品と言われると、ばっさり切り捨てる気にはどうしてもなれないのだ。

「わからないもの」に真摯に向き合い続け、簡単に正解を出さない姿勢はそのまま彼の生き方にあてはまる。どんなに賞賛を浴びようが常に課題を持ち越し、それでいて常に王道のど真ん中をいこうとする。もはや、私は坂元裕二本人も作品と同じくらいファンなのかもしれない。

＊

その後、坂元裕二は「簡単に答えを出さないこと」の追求をし続け、映画の世界に旅立ってしまったが、また地上波ドラマを書いてくれないかなあ、と私は願っている。ちなみに最近、私は欧米から取材を受けることが増え「簡単に答えを出さないこと」が知性としてとらえられる日本と、作者なりの主張を政治的スタンス含めて勇気を出してぶつけることが賞賛される海外の違いを目の当たりにして、色々と考えを改めているところだ。世界中から熱視線を浴びる映画界で、アップデートがとにかく早い坂元裕二がどのような変化を遂げるのか、今後も見守りたい。

第14話　地続きだから気になる、〝シニア世代のリアル〟

昨年『渡る世間は鬼ばかり　２０１６年スペシャル』（橋田壽賀子）を見ていて、びっくりしたことがある。泉ピン子演じる五月が「五八歳」だと自己紹介したのだ。

おなじみ「幸楽」が改装のため休業となり、角野卓造演じる夫はバンド活動に、えなりかずき演じる既婚の息子は仕事や家族にかかりきり。「幸楽」と家庭以外の世界をまったく持たない五月は行き場を失い、時間を持て余し、家族には「ジムに通う」と嘘までついて、近所のラーメン屋で皿洗いのアルバイトを始める。その面接の場での出来事だ。

実際の泉ピン子は放送時六九歳で、ドラマ内の時間の流れを考慮すると、いたしかたない歪みなのだが、それにしても私が知る現実の五〇代女性に比べると、五月の価値観や言動はとんでもなく保守的で前時代的である。じゃあ、五月を七〇代に引き上げたら違和感がなくなるのか、と問われれば、やっぱり私の知るその世代の感覚とも隔たりがあるように思う。なにしろ日本老年学会が高齢者を「七五歳以上」と見直すよう提言したくらい、世の中全体は若返っているのだ。

エンタメの世界、それもテレビドラマで描かれるシニア世代（ここでは日本老年学会が准高齢者と示した六五歳以上とする）は、七〇代であれ八〇代であれ十把《じゅっぱ》一絡《ひとから》げにくくられ、カリカチュア化されることが多く、リアルから程遠い。そんな大味キャラを演じるのはベテランの名優が多いために、彼らが実力を出し切っていない歯がゆさをいつも感じてしまう。

　そんな現状をぶち破るがごとく、倉本聰が同世代を描いた『やすらぎの郷』の放送が始まった（二〇一七年四月放送開始）。主人公役の石坂浩二をはじめ浅丘ルリ子、有馬稲子、加賀まりこ、五月みどり、野際陽子、風吹ジュン、八千草薫……。いわばシニア女性のエクスペンダブルズだ。現実に元夫婦である石坂浩二と浅丘ルリ子が同じ画面に収まるなんて、倉本聰でなければ実現できない奇跡のキャスティングだろう。シニア人気の高い『徹子の部屋』直後に流れるように始まるというたくみな編成から、数字も上々だという。

『やすらぎの郷』はテレビの黄金期を支えた功労者のみ無料で入居できる、最新設備が調えられた超ハイスペ老人ホーム。外界と断絶された秘密厳守のその空間では、元スターや著名人が昔を慈しみながら暮らしている。もちろん、それぞれが家族と死別したり、激しい浮き沈みを経験したりという過去もあるが、菊村栄役の石坂浩二が口にするようなまさに「夢のような」世界だ。社会のセーフティーネットから一度こぼれ落ちると困窮してしまう「下流老人」が問題になる今、反感を買わないのだろうか、とひやひやもする。

　認知症の妻を看取ったばかりの名脚本家役の石坂浩二はあくまでも優しい人物だが、それは同世代に囲まれている場合に限る。家族と暮らしていた時の彼はほぼ別人だ。禁煙をすすめる息子にあたりちらし、配慮が足りないわけではない息子の妻や優しい孫にも非常に冷淡だ。彼に限らず『やすらぎの郷』の住人たちはみな、どんなに話題になろうが視聴率一〇パーセントそこそこしかとれない、コスト重視の低俗な番組ばかり送り出すテレビの現状を日々、憂いている。こんなにはっきりした業界批判をドラマの中でできるのは、おそらく今の日本において倉本聰しかいないだろう。しかし、ターゲットとされている世代でないことは重々承知だが、ここまで現状を否定され、時間もお金もたっぷりあった麗しい過去をなにかにつけて持ち出されると、見ていてちと辛くなってくるのは事実。そりゃつまらない番組も多いけれど、『カルテット』とか『逃げ恥』とか試みの新しい面白いドラマもあるじゃん、とへーちゃん（石坂）に耳打ちしたくもなる。

『やすらぎの郷』の最年少、松岡茉優演じるバーテンダーが、いつも変わらない笑顔とほがらかな態度から、老人たちに名前で呼ばれず、「ハッピー」とあだ名されているのが象徴的だ。我々現役世代にできることといったら、増え続ける負担に負けないよう馬車馬のごとく働き、なおかつ体を壊さないように自己管理を徹底し、謙虚かつハッピーに過ごすことくらい……しかないのだろうか？　そんな風に上の世代を悪者にしたくもないし、かといって卑屈にもなりたくない。なぜなら我々もすぐにシニアになる。彼らは私達と地続きの存在なのだ。このご時世、断絶は無意味だ。

世代が断絶されない画期的な米ドラマといえば、『オレンジ・イズ・ニュー・ブラック』（13

〜19、リズ・フリードマンほか）だろう。女性刑務所を舞台に、人種も年齢も階級もジェンダーも超えて、一癖も二癖もある囚人たちがぶつかりあうこのドラマのキモは、なんといってもシニアが生き生きと描かれていること。長年収監されているゆえ、物分かりの良い母性キャラなんて一人もいない。欲望全開にして、若者たちを蹴散らしたたかさと悪知恵、ごくたまに抜群の包容力と切なさを見せる彼女たちは、いずれもまったく油断できない、ぞくぞくするような二面性を持ちあわせている。

そんな複雑な魅力があるシニア女性を国内ドラマで見つけると、とても嬉しくなる。冒頭で名を挙げた泉ピン子は比較的等身大の役を演じることが多いが、米倉涼子主演『Doctor-X　外科医・大門未知子』（第四シーズン、16、中園ミホほか）で白髪の新副院長を演じた際の彼女は性悪かつ知的な目つきにしびれるものがあった。朝ドラ『あまちゃん』（13、宮藤官九郎）で宮本信子が演じた海女の夏ばっぱは、娘役の小泉今日子から見たら独裁主義のけむたい母親でしかないが、孫役の能年玲奈（現のん）にすると、頼れてかっこいいおばあちゃんにちゃんと見える説得力があった。私が一番好きなキムタクドラマ『ギフト』（97、飯田譲治・井上由美子）は、飯田譲治が脚本を担当した回はいずれも神がかっているが、特にキレキレなのが第二話。ゲストの富豪の未亡人役を演じたのは赤木春恵だ。銀行を陥れるために一芝居うつしたたかさと亡き夫への愛情をにじませる可愛さ、ホームレスの演技のはまりっぷり、そしてキムタクのきらめきをものともせず、ガキ扱いして振り回し最後まで自分のペースを貫く様が最高にかっこよかった。『やすらぎの郷』に出演する浅丘ルリ子の『すいか』での大学教授役も、単なるエレガントな人生の先輩ではなく、弱さや迷いを内包していて深い余韻を残した。

さて、二〇一七年春ドラマで私がもう一つ楽しみにしている『女囚セブン』（西荻弓絵）は、あらすじを読む限り、まさに和製『オレンジ・イズ・ニュー・ブラック』。個性豊かな囚人の一人を演じる木野花は、さる高齢者向けマーケティング担当者に聞いたところによれば、シニア人気がとても高い女優だ。ヒロインの母親役を演じるのが映画『女囚さそり』シリーズの梶芽衣子というところもセンスを感じる。

私たちが今見たいシニア女性とは、困った時に助けてくれる都合の良い港でもなく、守らねばならないか弱い存在でもなく、遠い世界に生きる麗しいお手本でもない。清濁併せ呑む、かっこ悪くてイケてる、でもほんの少しだけ先の場所に立っている気取らないキャラクターなのではないか。そういえば、『やすらぎの郷』も『女囚セブン』も同じテレ朝だ。しっかりした骨格の刑事ドラマや医療ものでシニア層に圧倒的に信頼されている局である。『やすらぎの郷』もまだ始まったばかり。散々現状を憂いていたはずの石坂浩二が、いつの日かテレビの世界に復帰するのではないか、とにおわせる場面もある。世代間をつなぐような、新しい展開やシニア像にこのチャンネルで出会えることを想像すると、とてもわくわくする。

＊

人づてに聞いた話だが、その後、五月は料理系YouTuberになったらしい。さらに、梶芽衣子は『きのう何食べた？』（19〜23、安達奈緒子）の母親役で完全にブレイクする。最近、久しぶりにゆっくり神保町を歩いていたら、海外からの観光客が古書を嬉しそうに手にとる風景も新鮮だったが、『女囚さそり』を上映する神保町シアターに大行列ができていて嬉しかった。並んでいるのも若者が目立っていた。

第15話

型破りな愛情表現が、片想いを両想いに変える

すぐれた恋愛ドラマのヒロインは、例外なくみんなクレイジーだ。

あなたに恋したい欲求がムクムクと湧いてきて「恋愛特集」である今号（二〇一七年一〇月一一日号）の『anan』を手にしてしまったということは、情熱を思い切りブチまけて正直に生きていきたくなったということではないか。となれば、己の変さ、いびつさ、ヤバさとことん向き合う事態は避けられない。はじめは恥ずかしくても不安でも、その先にはきっと今とは違う景色が待っているはずだ。

一九九八年に日本上陸して大ブームを巻き起こした『アリー my Love』（97〜02、デイビッド・E・ケリーほか）は、情緒不安定な弁護士・アリー（キャリスタ・フロックハート）が元彼と同じ事務所で働くこととなり、恋に仕事に奮闘する伝説のドラマだ。一見結婚に焦っているかに見えるアリーだが、本当はなによりもイノセンスの喪失を恐れている。それを阻止するために自分が純粋だった頃を知る元彼に執着したり、踊る赤ちゃんの幻想に悩まされたり（今ではもう当たり前になったCG合成の妄想は当時、超画期的）、ユニコーンやサンタクロースを信じる依頼人に過剰に肩入れしたりする。死んだように生きる当たり前の大人になるくらいなら、イタかろうと孤立し

ようとアリーは構わないのだ。その結果、周囲の人々の心の蓋を外してしまい、事務所は愛すべき変人の巣窟になっていく。そんなアリーをまるごと受け入れてくれる運命の男・ラリーがシーズン4で現れる。演じるのはあのロバート・ダウニー・Jr.。大人の事情でラリーは物語から姿を消すが、あのまま彼が出演し続けていたらどうなったろうな、と今でも思う。

そんなアリー愛を成仏させるドラマが現れる。Netflixで現在配信中の『クレイジー・エックス・ガールフレンド』（15〜19、レイチェル・ブルームほか）だ。幸せを感じられず泣いてばかりの弁護士・レベッカ（レイチェル・ブルーム）が一〇代の頃、一瞬だけ付き合ったことがあるジョシュ（ヴィンセント・ロドリゲス3世）の社交辞令を真に受けて、彼を追ってウェストコビーナにやってくる。エリートだが自己肯定感が低いヒロイン、妄想と現実の境目が曖昧になってくる演出、時折現れる少女時代の自分、ミュージカルシーン、と設定やディテールは、アリーにとてもよく似ているが、毒親問題が前面に出ていて、メンタルヘルスをめぐるやりとりもさらっと登場するなど、レベッカの抱える悩みはシビアで今日的だ。自分をどんどん追い詰めたゆえの暴走には、見ていて不思議な痛快さがある。ヤバさがほとんど解消されないまま、ジョシュとの関係が二転三転するプロットは斬新だ。これは「中身がぶっ壊れてる」ヒロインと視聴者が一緒になって突っ走って、自己嫌悪のその先を発見しに行く物語。舞台裏が不運続きだったアリーが提示できなかった、もうひとつのハッピーエンドを見せてくれるはず、と期待している。

おかしなヒロインが愛されるのは海外の話でしょ？『東京ラブストーリー』のリカだって結

局フラれたじゃないか、というあなた。クレイジーなヒロインが力業でロマンスの定義をねじ伏せていく国内ドラマは、実は意外なほどたくさんあるのだ。

アリーが上陸した年に放送された榎本加奈子主演『おそるべしっっ!!!音無可憐さん』(岡田恵和)。ごく普通の活発な女子高生・可憐は片想い相手の軍司(岡田義徳)に「うるせえ女」とつぶやかれショックを受ける。彼がふざけ半分に口にした「可愛くておとなしくてか弱くていっつも笑ってて、それでなんかメルヘンチックで」「陰からいっつも俺のことそーっと見てる」ような女がいいという言葉を真に受け、ド派手でラブリーなコスプレに身を包む過剰なぶりっ子へ突然変貌。日夜、軍司について回り、彼やその周囲に恐怖と混乱をもたらす。意中の彼の好みに寄り添う自己改革のはずが、肝心の軍司は困惑し怯えているので、一話の段階で「モテ」はどっかに行っている。見方を変えれば、可憐のしていることは、女に身勝手な理想を押し付ける男への反発と言えなくもない。どこまでもしつこくエネルギッシュな可憐は、眠っていた己のエンターテイナー性を発揮し、新しい人生を主体的に楽しむようになる。どんどんエスカレートしてアートの域に達したコスプレ(男性器をつけた天使の姿は衝撃的だ)や常軌を逸した愛情表現にいつしか軍司の感覚は麻痺し、好きというよりは、可憐なしで日常を送ることが不可能になってくる。ストーカー行為はいただけないが、榎本加奈子の不遜な可愛さに、軍司同様引きずり込まれる名作だ。

ストーカーといえば『to Heart ～恋して死にたい～』(99、小松江里子)はのっけから、不穏な空気に満ちている。レンタルビデオ店で『恋する惑星』（ウォン・カーウァイ監督による恋愛映画。九〇年代に起こったミニシアターブームを代表する香港映画）を探すフリーター役の深キョン（深田恭子）は、タイトル通り恋に恋する、極端な発想の恐ろしく元気な女の子だ。一方的に見初めたボクサー役の堂本剛を追い回し、熱烈な欲望を爆発させ、彼の部屋に『恋する惑星』よろしく不法侵入する。「愛はパワーだよ!!」が口癖で「時枝ユウジーー!!」と道の真ん中で彼の名をわめく深キョンに対して、心底不快そうな堂本剛の演技が素晴らしい。深キョンはそれでも気にしないし、彼に好きな相手がいようがさしてめげない。時間をかけてそれなりの信頼関係を得、妹のようなポジションを手にすると、そこを足がかりに根気と体力だけで彼女までグイグイと上り詰める。演技とは思えないような強い嫌悪感をにじませていた堂本剛が、初めてしぶしぶと笑いかけてくれた時には、こちらまでホッとしたものだ。犯罪行為がなかったことにされるなんてそれはたおやかな深キョンだからでしょ、というあなたは間違っている。この時期の彼女は水泳で鍛えた力強い肉体に勝ち気そうな細眉で、粗暴な赤ちゃんのようだ。これはピュアなラブストーリーというより、「お、おう」と引き気味の男性アスリートを、深キョンが後ろからはがいじめにしてノックアウトする物語だ。「愛はパワー」なのではなく、深キョンという女性そのものがパワーなのである。

つきまといを肯定するようなドラマばかりになってしまったので、ほのぼのとしたコメディを、と思ったが『時効警察』（06、三木聡ほか）の麻生久美子演じるキュートな婦警・三日月くんもまた、執念のひとだ。オダギリジョー演じる変人の同僚・霧山に片想いする彼女は、彼が落とし物の婚姻届にふざけてサインしたものをこっそり家に持ち帰り、自分の名を連ねて「これを役所に届けたら……」とじっと眺めて妄想しているような女である。時効になった事件を趣味で捜査する霧山に付き合い、プライベートも行動をともにしてあれこれと世話を焼く三日月くんは、一見献身的な良妻賢母予備軍のようだが、例えば『金田一少年の事件簿』の原作版の美雪とは似て非なるキャラクターだ。それが顕著に現れるのが続編である『帰ってきた時効警察』（07、三木聡ほか）の、まさにティーンの頃、ドラマ版の美雪を演じたともさかりえゲスト回（第四話）。催眠療法セラピストのともさかりえの元に通ううちに、催眠術にかかってしまった三日月くんは自分を人気歌手だと思い込み、職場の取調室で、自宅のベランダで、自作のイカれた歌をいきいきと熱唱する。このシーンの三日月くんは一度見たら忘れられないほどぶっとんでいる。おそらくいつも心の底でなにかを生み出したいと願っている三日月くんの、その情熱の対象は男一人だけではないのかもしれない。先の見えない片想いをしていても、なんだかんだと霧山との捜査を楽しみ、ささやかな日常にドラマを見出す三日月は、重いように見えて風通しが良い人生観の持ち主である。最終話で、それまでまったく振り向かなかった霧山が、彼女との未来を考えていないわけでもない言葉をぽろりと口にする。それが二人の時間の中からごくナチュラルに生まれたものであることと、三日月くんの本当に嬉しそうな笑顔が、見る者すべてを豊かな気持ちにさせる最高のエンディングだ。

不毛さも切なさもない、超発展的片想いという意味でいえば、『ごめんね青春！』（14、宮藤官九郎）で満島ひかりが演じたカトリック系女子校教師の蜂矢りさのそれを思い出す。錦戸亮演じる人には言えない過去を持つお人好しの教師・平助が勤める偏差値の低い男子校と、りさの勤める名門女子校が統合することになり、優秀かつ強気な女生徒たちに、平助も男子生徒たちもメタメタにやっつけられる（女子校出身者からすると錦戸亮がいじりたおされ、体育教師役のサンドウィッチマンの富澤たけしがモテるという構図はすごいリアリティだ）。そんな女生徒たちを率いるりさは、修道服の似合うクールビューティーながら「りさ・ブラックタイガー」の異名を持つ武闘派フェミニスト。セクハラ発言をした男子生徒に「先生は処女です」と言い放つ。離婚が認められないカトリックでは一度心を開いた相手を生涯愛すべきとされている、そんな命がけの純潔を奪う気概は果たしてお前たちにあるのか、と「貞操」「従順」のダブルバインドを気持ちよくぶち破る。そんな彼女がひょんなことからバカにしていたはずの平助を意識し、唐突に「彼と結婚する」と宣言。好きなのか、と問われるも、まだ、好きでさえない、とあっさり言う。好きになると決めた、結婚すると決めたから、きっとそうなるだろう、とりさは断定する。そこから先のりさの行動には一切迷いがない。平助の過去を知っても揺るぎない。彼の実家にまで溶け込み、なくてはならない存在へとなっていく。信仰心と行動力で、過去に囚われた王子様を解放するりさはむしろ王子様以上に王子様だ。

情熱的ということでは、りさにひけをとらない『毒島ゆり子のせきらら日記』（16、矢島弘一）

の前田敦子演じるゆり子は、国内恋愛ドラマヒロインにおけるアップデート型だろう。駆け出しの政治記者・ゆり子はロマンティストだが家庭事情から根深い男性不信を抱えていて、裏切られた時に傷を負わなくて済むよう、同時進行で二人と恋愛する主義だ。そんな彼女は自分と同じクロワッサンの食べ方をするフェロモンむんむん敏腕記者の小津翔太（新井浩文）に心を射抜かれ、妻帯者であることを知らぬまま交際。振り回され裏切られるうちに、自分の主義を捨ててまでも彼と二人で生きていきたいと願うように……。傷だらけになったゆり子が最終回で出した結論は、過去の日本ドラマでは類を見ないものだ。恋愛体質や肉食系のその先を行く、主体性を持って人を愛する、新しい生き方をゆり子は獲得する。あくまでもケロッと、コメディ仕立てであることに、逆にすごみを感じる作品だ。

「彼氏をつくる」なんてただの通過点でいい。恋することをきっかけにして、今より勇敢になって、熱く生きていけるようになったら、こんなに幸せなことはないと思うのだ。

＊

二〇二四年のアカデミー賞授賞式で、ロバート・ダウニー・Jr.の、中国系ベトナム人のキー・ホイ・クァンへの横柄な態度が猛批判を浴びたが、彼というと、ラリーの印象が強い私は、人種差別に腹も立ったが、悲しみも大きかった。同時にやっぱりアリーはラリーと別れて正解だったんだな、と、長年の不満が解消されたような気もする。ゆり

子も小津（新井浩文はのちに強制性交罪で実刑）と結ばれなくてよかったのかもしれない。キャリスタ・フロックハート、麻生久美子、前田敦子がラブコメを卒業してもなお活躍していることがしみじみと嬉しいし、深田恭子が今もラブコメを演じていることもありがたい。

第16話／女を救うのは、女！助け合う関係を描く新ドラマ

私が今（二〇一七年）から四年前にツイッターをやめたのは宮藤官九郎脚本『あまちゃん』のせいだ。このドラマの実況にハマりすぎて、仕事がまったくできなくなった。そんな名作ドラマにも批判がちらほらあったのは確か。当時タイムラインで見かけたのだけれど、「渡辺えりら演じるベテランの海女さんたちが能年玲奈のようなキュートな新人海女をあんなに可愛がるわけがない」といったものだ。そんな風な見方があるのかとびっくりし、この「若くない女性は若い女性を疎んでいるにちがいない」という言説は一体いつどこから生まれたのかな、と思いを巡らせた記憶がある。

宮藤官九郎作品は、年齢差のある女たちがきゃっきゃとじゃれあい助け合う描写が多い。現在（二〇一七年一一月）放送中の『監獄のお姫さま』は彼の女性観の集大成だろう。小泉今日子、菅野美穂、森下愛子、坂井真紀らが演じる元受刑者チームが今なお塀の中にいる仲間、姫こと夏帆演じるしのぶの冤罪を晴らすために、彼女を罠にはめた伊勢谷友介演じるイケメン社長を誘拐。物語はクリスマスの現在と、泉ピン子の女囚ドラマ（『女子刑務所東三号棟』（98～10、関根俊夫））そっくりなセットの刑期中を行ったり来たりして、彼女たちの絆がどう育まれてきたのか

をたどる構造になっている。和製『オレンジ・イズ・ニュー・ブラック』として、裏社会をサバイバルしてきた女囚たちのクールでダーティーな会話の応酬を期待したのだけれど、基本的に彼女たちは犯罪者というより愛すべき「おばさん」として描かれ、誘拐するくだりもドジ続きだし、わちゃわちゃとたわいもないことで盛り上がっている。大金持ちの令嬢で世間知らずのしのぶにおせっかいし、面倒がられてもまったくめげず、献身的に世話を焼く。ああ、クドカンは女の連帯を信じている人なんだな、と改めて認識した。

「若くない女は若い女に嫉妬する」そんな言説が誰によって流布されたものかはわからないけれど、女側からではないことは確かだ。内館牧子は高度成長期の大手メーカー勤務時代、男性社員に年齢に関するハラスメントを受けたとエッセイで書いていて、その時の違和感を、自作の中で繰り返し描いている。女を若さのみで判断する日本社会へNOを突きつける傑作『年下の男』(03)はドロドロ劇として認知されたまま、DVDにもなっていないので、誤解が解けないのが残念だ。「もう若くない」と思い込み結婚を焦る三〇歳のOL役の稲森いずみはジムで偶然出会ったシブいイケメン役の高橋克典に一目惚れ。いきなり超重い告白をして、速攻フラれる。それだけでも辛いのに、高橋はその母親である、お弁当屋さんのパート主婦役の風吹ジュンと不倫関係に陥っていた！　第一話ではまさに「気のいいおばちゃん」然としていた風吹ジュンが不倫を始めてからの変貌ぶりがものすごい。家族への後ろめたさをスパイスにして、どんどん花開き、最終話など別人にしか見えないド迫力の女っぷりだ。紆余曲折を経て、稲森は母親との関係を再構築するに至る。母親を一人の女性として認め、初めてきちんと向き合うのだ。年齢なんかただの数字でしかない、その数字だけで人をジャッジしたり、焦ったりすることのくだらなさに彼女は気付く。

この時は最高だった稲森いずみと内館脚本のマッチングなのだが、直球なタイトル『エイジハラスメント』(15)では首をかしげる事態に陥っていた。ヒロイン役の武井咲の若さに嫉妬する上司を稲森が演じているのだが、それがあまりにも女には当たり前の現象として描かれていて、内館ビリーバーの私でさえ墨を飲んだような気分になった。伝えたいテーマが『年下の男』からなんら変わっていないことも、最終的に女たちが共闘する流れの前フリなのも重々承知しているのに脱落してしまった。不快うんぬん以前に、職場で男をめぐっていがみあう女の描写というのは、今のご時世だと、リアリティがなく他人事になってしまうせいもある。

松下由樹はそんな内館ドラマに欠かせない存在として「女の敵は女」を体現するヒールキャラを演じてきたが、『ナースのお仕事』(96、江頭美智留)では正反対の魅力を開花させた。観月ありさ演じるドジな新人・朝倉を時に厳しく時に温かく指導するベテラン看護師は超当たり役。「せんぱ〜い」「朝倉〜」というコミカルな会話の応酬は見る者すべてを笑顔にさせた。続編、映画はもちろん、三年前(二〇一四年)には離島編・再会編(ともに両沢和幸脚本)が放送されたほど人気は衰えないが、これほど年月を経ても先輩と朝倉の関係性はまったく変わっていない。出世や結婚、出産などの環境の変化は、朝倉たちの絆に少しも影響しないのだから、日本で一番成功したシスターフッドドラマかもしれない。この作品を境に、松下由樹は「タフな姉貴」として認知され『ドールハウス〜特命女性捜査班〜』（04、両沢和幸・高橋留美）や『幸せになりたい！』（05、両沢和幸）でも後輩のポテンシャルをグイグイ引き出すかっこいい先輩として活躍している。

世代差のある女の連帯ドラマといえば『アフリカの夜』（99、大石静脚本）もはずせない。古いアパートメント「メゾン・アフリカ」で暮らす鈴木京香、松雪泰子、ともさかりえ、室井滋演じる女性たちの熱い絆が描かれている大好きな作品だ。二九歳の鈴木京香を挟んで、室井が三九歳、ともさかは一九歳という年齢設定である。惣菜屋の妻で、住人たちの精神的支柱であった室井滋が、前夫殺害の容疑で一五年も追われている時効寸前の逃亡犯であり、最終的にはみんなで彼女を逃すために協力し合う。そういえば、同じく女の同居ものでともさかりえがメインキャストを務めた『すいか』でも、ヒロインの同僚役の小泉今日子は横領の罪で逃亡を続けていた。クライムドラマは女の連帯を描くのにうってつけなのだろう。そういえば『監獄のお姫さま』で小泉今日子は馬場カヨという受刑者を演じているが『すいか』での役名が「馬場ちゃん」なのも気の利いた一致だ。

年齢だけではない。女性はあらゆる属性で分断を強いられている。しきりに連帯が叫ばれているのは、分断を超えて手を取り合わなければ、もう日本が立ちいかなくなっているからだ。そう聞くと尻込みしてしまうけれど、すべきことはごくシンプルだ。『ナースのお仕事』の序盤で、朝倉はあまりの仕事のできなさぶりに辞職を考える。吉行和子演じる看護師長は「例えばたくさんの荷物を持って両手がふさがっている人にそこのドアを開けてくださいって頼まれたら、あなたどうします?」と問う。「開けてあげますけど」と朝倉は答える。「それで十分なのよ」と師長は微笑む。『アフリカの夜』では、夫殺害の動機を聞かれた室井滋が、凄絶なDVを受けていたことを告白し、近隣住民がそのことを知りながら黙認していたことになによりも絶望したと言う。「みんな知ってたんじゃないかよって。誰も助けてくんなかったんだよ、あたしのこと」と室井滋はすすり泣く。

立場のまったく違う誰かを助ける時、そこには必ず、大なり小なり、過去の経験が生かされる。それによって自分自身のイノセントな部分が守られることを私たちは知っている。監獄のお姫さまの世話を焼く時、馬場カヨたちが苦しみから解放されるのは、過去の自分たち、姫のように無垢でだまされやすかったあの頃の自分たちをも救っているからだろう。そこには女に意地悪な視線を向ける人々が期待する、嫉妬やいがみあいなんて付け入る隙はまったくないのである。

＊

——この時の私は、クドカンを本当に信じていたし、実際に女性の連帯の描写はよかった。——

第3章

平成から令和へ

二〇一八〜二〇一九年

第17話／才能がある理由は、「作品」が証明する……はず!?

昨年（二〇一七年）末に二週連続で放送された藤原紀香主演『眠れぬ真珠～まだ恋してもいいですか?』（川﨑いづみ）のネット実況は大騒ぎだった。孤高の銅版画家・咲世子のラブストーリーを演じる紀香さんがいつにも増してまっすぐな眼差しで、渾身ゆえに不思議なおかしみを誘う名演技を見せてくれる。体当たりなラブシーンから、流木を抱きしめて画家としての悟りを開く場面まで、大盤振る舞い。紀香さんの熱演に反比例するように演出は超ザックリしている。適当すぎる小道具から荒れた砂浜まで「もしかして制作陣は笑わせようとしているのかな?」と楽しんでいたのは私だけではないはずだ（ちなみに原作に忠実な二〇一五年配信の黒谷友香主演・黒沢久子脚本の『眠れぬ真珠』は笑いの要素はゼロである）。

あ、でもこれ、けっこうマジなやつかも、と私が唇を引き締めたのは、咲世子の銅版画がアップになった瞬間だ。原作そのままの、メゾチントという技法を使った、漆黒の背景に白く浮かび上がるモチーフ。もちろん、プロがドラマ用に制作したものである。ちなみに銅版画を学んでいた友達に見せたところ、咲世子の作業風景も比較的ちゃんとしていたという。なにしろ、咲世子に恋する一七歳年下の映像作家（鈴木伸之）は、まず咲世子の作品に惚れ込み、熱烈な恋が始まるというあらすじだから、いくら砂浜のゴミは見落としても、そこだけは気を抜くわけにいかなかったのだろう。

国内ドラマで絵画がフィーチャーされるのはそういえば久しぶりだ。ドラマ映えするようなリッチな暮らしを送れるファインアーティストはごく一握りというのが周知の事実になったせいなのだろう。一九九〇年代のドラマは主人公たちが描く絵が物語を左右することが多かった。九三年に放送された『悪魔のＫＩＳＳ』では絵本作家を目指す主人公役の奥村佳恵が困難に耐えながらひたむきに夢を実現しようとするのだが、小学生の私の目から見てもその絵はへったくそだった。才能ある描き手が血を吐く思いで生み出した一枚がこちら、なんて、ハードル上げすぎな前振りをした上で、現れた作品が残念な出来であることは少なくない。たとえば北川悦吏子の代表作、九五年『愛していると言ってくれ』のクライマックスは、新進画家役の豊川悦司がヒロイン役の常盤貴子をモデルに描いた絵のアップなのだが、これまでの二人が積み重ねてきた涙やら言葉やらがふっとぶようなペンキ看板みたいな仕上がりだった。技術うんぬんというより、おそらくは常盤貴子だとはっきりわかるように、というオーダーのもと時間がない中で描かされたためだと思う。そもそも作品が映るのはほんの数秒で、そんなわずかな時間で素人目にも良いとわかる作品を用意するなんて国内ドラマの予算では無理な話だろう。

しかし、九六年、和久井映見主演『ピュア』（龍居由佳里・橋部敦子）ではこの課題をクリアする。和久井演じる知的障害のある天才アーティスト・折原優香が手がけるのは翼の形をしたオブジェ。テレビ画面と平行の絵画ではなく、立体作品である。翼のでこぼこから生まれる細かな陰影や、触れた時のざらつきや温かみまではこちら側だと判断のしようがないので、どれほど天才の看板を掲げようとも評価は「ドロー」。実際、『ピュア――折原優香作品集』も出版されたくらいなので、このオブジェに魅せられた視聴者は多かったのだろう。

この後、主要キャラクターの類稀なる才能を証明するアイテムとして、絵画がだんだんと用いられなくなってきたように思う。ピアノ（九六年『ロングバケーション』）、歌（二〇〇一年『傷だらけのラブソング』（尾崎将也））、小説（同じく〇一年『Love Story』（北川悦吏子））とかに取って代わられるようになってくる。それでも、やっぱりスターがアトリエで孤独に制作に没頭する画をテレビ業界は熱望していたらしい。満を持して現れたのが、二〇一〇年の『月の恋人～Moon Lovers～』（浅野妙子ほか）だ。木村拓哉が演じるのは血も涙もないインテリアメーカーの社長なのだが、裏切りや挫折を経験し、自身の原点である家具作りに立ち返る。「椅子というものは、人目をひくためのものではなく、座るためのものではないでしょうか」と演説し、みんな感動してしまう。そして、木村拓哉は山小屋にこもり、スーツを脱ぎ捨てラフな服装でチェーンソーをつかい、傍目には地味だけれど使う人のことを考えた手作りの椅子を制作するようになる。画面越しだと今ひとつよくわからない立体作品、なおかつ座らないと真価はわからないのでどう転んでもドロー。ここにきて地動説のように発見されたのが「家具」という乗り切り方だ。

以上の歴史を踏まえた上で、アートきっかけのラブストーリーの決定版・北川悦吏子作『運命に、似た恋』(16)が誕生する。四五歳の貧しいシングルマザー・原田知世演じるカスミの前に突如現れた斎藤工演じるユーリ。ドラマのホームページによれば「超一流デザイナー」で「小物に至るまで、あらゆるもののデザインに挑戦し、その世界で若手No.1と目される存在」だ。そんなにハードルを上げて大丈夫か。しかし、すべての作品は有名デザイナーが手がけている上、このドラマの斎藤工は風貌も仕草も九〇年代の木村拓哉を彷彿とさせ、そのせいか北川悦吏子の筆には一切の迷いはない。出会い頭に出来上がったばかりの椅子にカスミを座らせるユーリ。「どこかの国の貴婦人になったみたい」とうっとり微笑むカスミ。座った人がそう言うんだからチャチャは入れられない。ひとまず乗り切ったが、ユーリが「あらゆるもののデザイン」に挑戦するスタイルの上に、なにかにつけてカスミが、彼は選ばれし者である、それに比べて私なんて取り柄もないし年上だし……とずっと卑下し続けるものだからハードルはガンガン上がり、こっちの気は休まらない。そんな二人が初めて力を合わせて作り上げ、心を通わせるきっかけになるのがインスタレーションなのである。暗闇に垂れ下がるたくさんの布、布、布。とにかく布、ということにしか、こちらはわからない。しかし、青白くライトアップされたそれを見て、カスミは感動のあまり泣いてしまう。そして二人は張り巡らされた布の下でキス……。インスタレーションは空間全体を味わうものだから、テレビ画面だと家具以上に伝わりづらい。しかし、これが日本ドラマにおける「天才」の作品としては、大正解なのかもしれない。よくわからない、判断つかないくらいがちょうどいい。あとは視聴者がいいように想像で補うのだから。

　登場人物の「類稀なる才能」を可視化するためには、このように創意工夫のクロニクルがある。導き出された回答は「逃げ切る」ということらしい。でも、予算も時間もどんどん縮小傾向にあるのだから、職業はクリエーターでいいからせめて「天才」の看板は下ろした方がいいんじゃないんだろうか。そんなにもてはやされることもなくごく淡々と仕事している自由業者がほとんどなのだから。そう思うと、全員凡人のアマチュア演奏家の恋や葛藤を描いた一七年『カルテット』はやっぱり本当にすごいと思うのである。「特別な能力を持った特別なあの人に選ばれる普通の私」が日本のラブストーリーのフォーマットの一つだけれど、もうお金もないんだし次の段階に進んでもいい頃かもしれない。

＊

『眠れぬ真珠』がきっかけになったんじゃないかと思うのだが、藤原紀香は周りにどう思われてもいいかのような振り切った演技で、場を独り占めにするような方向に舵切りした。明治座で二〇二四年上演された『メイジ・ザ・キャッツアイ』の次女・瞳役で空を飛ぶところが、最高だった。コメディもよいが私は『アリスの棘』（14、髙橋麻紀・池田奈津子）で見せてくれたような悪役も期待している。

第18話／愛されずとも魅了する、長澤まさみのヒロイン力

『コンフィデンスマンJP』（18、古沢良太）で信用詐欺師のヒロイン、ダー子を演じる長澤まさみが本当に、本当に素晴らしい。努力家で自信家で、いつも長い首をのけぞらせてダハダハ笑い、突拍子もない思いつきを即実行に移し、コスプレでくるくる七変化、よく食べてすぐ忘れ、魅力的なのにハニートラップの才能がなく、ターゲットの前で胸のボタンに手をかけても「しまっとけ」と顔をしかめられ、仲間を混浴に誘えば「遠慮しとくよ」と断られるダー子。

伸びやかな身体といきいきとした表情、いたずらっぽく輝くあの瞳。長澤まさみという俳優は、ちょっとした表情や仕草にさえ、命の炎がゆらゆらっと揺れている。長い手足を振り回してどこまでも走っていくその姿を、ずっと見ていたいという気持ちにさせられる。第一話の飛行機の中で乗客にせっせと札束を配る姿、第二話冒頭のカメラに向かって得意げに語りかけながら着物姿でずんずんと歩く場面、録画して何度も見返してしまった。

「枕営業」は女性側に得があるから成立するという描き方、実在の事件を彷彿とさせる性被害のちゃかし方に疑問は感じるものの、荒唐無稽なだましだまされ劇を、おおむね楽しく見てい

る。このドラマにここまで惹きつけられるのは、長澤まさみが誰からも「恋されていない」という極めて異例な設定だからだろう。ターゲットはもちろんのこと、相棒役の東出昌大も、彼女に振り回されいつもプンプン怒ってばかり、まさみを少しも性的な目で見ていない。このダー子というキャラクター、異色なように見えて、彼女のキャリアを振り返れば生まれるべくして生まれた、これまでのまさみに報いるいわば功労賞なのだということがわかる。

思えば、長澤まさみはずっと誰かから恋されてきた。いや、主演クラスの人気俳優がフィクションの中においてもモテるのは自然だし、別にいけなくはない。ただ、長澤まさみの主演作を振り返ると、彼女に恋する者たちの情熱があまりにも強すぎて、物語の世界観が歪み、いつの間にか見つめる側の視点にのっとられている、まさみの主体性が奪われ、本来の持ち味である奔放さやユーモア、生命力が損なわれる、そんなケースがものすごく多いのだ。

出世作、映画『世界の中心で、愛をさけぶ』の亜紀役、ドラマの代表作『プロポーズ大作戦』の礼役はもちろん、映画『モテキ』のみゆき役もしかり、不器用で奥手な男性から熱烈に恋されるマドンナだ。いずれのキャラクターも、みんなの憧れのまとだけれど、決して気取っているわけではなく、サバサバしていて、優しくて、絶妙にスキがあり、弱いところもあるのが共通している。とりわけ二〇一一年公開の『モテキ』のみゆきは、徹底して主人公・幸世（森山未來）という、自意識をこじらせた男性の目を通しているため、セクシーで思わせぶりで情緒が安定せずフワフワした、腹の底が見えないキャラクターとして描かれる。しかし、幸世のバイアスをとっぱらってみれば、みゆきはそこまで、わけのわからない女ではない。好きな相手に対して一生懸命だが女友達も多く、楽しいことが好きでサービス精神が豊富ないい人のように感じられる。そこのところを長澤まさみはちゃんと理解し、愛を持って演じているのだ。理想のマドンナ役ばかり続いているように見えて、決して同じではないのは、長澤まさみが役に息を吹き込んでいるからだろう。それでも、恋する者の視線で描かれてしまうと、どうしても主体性に欠ける夢の女に見えてしまう。そんな時期がその後、かなり長い間続いていた。

どんな状況下であれ、必ず誰かに恋されてしまう長澤まさみの不幸がぎゅっと詰まっている作品といえば『ラスト・フレンズ』(08、浅野妙子)だ。長澤まさみは恋人からのＤＶに苦しむ美知留役。ＤＶを行う恋人の宗佑役の錦戸亮、生まれた時に割り当てられた性別に違和を抱く瑠可役の上野樹里、性的虐待の後遺症に苦しむタケル役の瑛太。全員ドラマ史に残る熱演だが、親友である美知留に密かに片想いしている瑠可を演じる、上野樹里の繊細さはとりわけ素晴らしく、見る者すべてが感情移入してしまうほどだった。どんなにひどい目にあわされても宗佑から離れられない美知留に注ぐ視線はあまりにも苦しく悲しい。しかし、瑠可がどんなに彼女を大切に思っていても、いや、むしろ思えば思うほど、美知留は不幸になっていくのである。同時に、誰よりも大切な友達から恋されてしまう美知留側の切なさもある。みんなが恋愛を超えた絆で結ばれる結末はいいのだが(こういったストーリーでセクシャルマイノリティが死なないで幸せになる点も評価したい)、そこに至るまでに美知留は暴力を振るわれレイプされ、なにもそこまでと思うほどの悲劇に見舞われる。一番やりきれないのが、加害者の宗佑でさえ、歪んだやり方ではあるが美知留を愛している点である。身近な相手からいつも恋されてしまうことは、果たして本当に幸せなのか、考えてしまう内容だった。

友情出演した『SUMMER NUDE』に至っては、みんなの理想を体現するがゆえ、とうとう現世から消えてしまうのである。まさみ演じる香澄は、主人公役の山下智久（山P）の元恋人。山下との関係性、演じるキャラクターも似通っている『プロポーズ大作戦』のもうひとつの世界線といえなくもない。三年前に町を去った彼女は、今は地ビール看板の中のモデルとして海辺の町を見つめている。山Pに片想いする役の戸田恵梨香にさえ、あの子には敵わないといわしめる、子ども好きでおおらかな性格の完璧なマドンナであるが、その内面は謎に包まれている、というか最後までわからず仕舞いである。物語の終盤、初めて姿を現した時は、その魅力で平和な町の人間関係に混乱をもたらすものの、あまり多くを語らず、静かに去っていく。その様子はなんだか看板の中に戻っていったようにさえ思える。女神としての長澤まさみは、人々の熱い視線に焼かれ、蜃気楼になって一度消えていったのかもしれない。

しかし、女神役をまっとうしたことが良かったのか、前後して、かつてない当たり役に恵まれることになる。『都市伝説の女』（第一シーズンは12、第二シーズンは13、後藤法子ほか）のヒロイン、風変わりでとびきり元気な刑事・音無月子役だ。コメディエンヌの才能を存分に発揮し、ぶっとんだ言動や変装シーンをいきいきと演じるまさみは輝いていた。とはいえ、相棒役の溝端淳平から熱い視線を向けられ、お色気シーンを求められるなど、これまでの役割から逃れられなかった面もある。しかし、月子なくして今回のまさみはありえないだろう。月子からマドンナ要素を差し引いて、さらにエネルギッシュにしたら、一体どんな彼女が見られるのだろう――。もしかして、そんな風に考えた作り手がどこかにいたのかもしれない。

ヒロインがモテるのはこれまでのドラマに欠かせない要素だった。キャラクターの魅力が伝わるエピソードよりも先に、周囲の人間を何人くらい夢中にさせているかをはっきりさせることが、求められてきた。例えば、恋愛要素が必要ないお仕事ドラマでさえ、ヒロインはひたむきに頑張りながらも、無自覚なまま身近な誰かを性的に惹きつけているという描写はとても多い。しかし、時代はロマンチックラブイデオロギーから解放されつつある。むしろ、望まない相手からの恋愛感情は足かせになるだけだ。「恋されない」幸せと自由を目一杯満喫しながら、視聴者を魅了するダー子は、沈みかけた月9の救世主にふさわしい存在ではないだろうか。

＊

二〇二四年現在、長澤まさみは自身をマドンナ視してくる世間を、嘲笑うかのような個性的な役柄で、イメージを更新し続けている。劇場版『コンフィデンスマンＪＰ　ロマンス編』の演技が光った三浦春馬、竹内結子が相次いで亡くなり、日本ドラマ史を支えた名優たちの不在が今なお惜しまれる。

第19話 ／ 心地よすぎる俳優、金田明夫クロニクル

周囲の愉快な女たちが夢中になり、その素晴らしさをこぞって熱弁する『HiGH & LOW』シリーズを見ているうちに、一人の男性に視線が吸い寄せられた。お調子者の三枚目、ダンを演じる三代目 J Soul Brothers from EXILE TRIBE の山下健二郎（ヤマケン）だ。愛嬌たっぷりでたくましいイケメン、彼が主演の一人を務めるスピンオフ作品（映画『ＤＴＣ─湯けむり純情篇─from HiGH&LOW』）も作られているくらいだから、魅力的な人気者に間違いない。どうしてこんなに気になるのかよくわからないまま、彼のダンス動画をせっせと追い続けるうちに、既視感の理由に気が付いた。この人、金田明夫の面影がないか。正確には、金田明夫にイケてる息子がいたら、こんな感じではないか。ネットで調べたら、割と似た顔同士として認識されているようだ。胸のつかえがとれて、キレキレに踊るヤマケンの姿をじっくり眺めてみる。いつかどこかで見た気がする、こんな風に軽やかに舞う金田明夫を──。「金田明夫」「踊る」「ドラマ」で検索したら、すぐに出てきた。当時ブレイク寸前だった高橋一生が出演していた『民王』（15、西荻弓絵）である。エンディングで金田明夫は確かに踊っていたのである。miwa の歌うポップな楽曲に合わせて、軽快なテンポで旗を振り、それは楽しそうにステップを踏んでいたのである。

金田明夫といえば、日本のドラマに欠かせない名バイプレイヤーであり、芸歴も長い。どこかで踊っていてもなんら不思議はない。でも、この奇跡に遭遇したような気持ちはなんなのか。ひょっとすると、私はずっと心のどこかで、金田明夫について考える時間をつくることを求めていたのかもしれない。金田明夫が発生させるあの独特の空気、明夫アトモスフィアとしか名付けられないような、上品でも下品でも、明るくも暗くもない、あの独特の「良さ」って一体なんなのだろうか。

故・大杉漣がそうであったように、金田明夫もまた、日活ロマンポルノ出身者である。彼の代表作の一つといえば『3年B組金八先生』(79〜11、小山内美江子ほか/金田の出演は一九九五年の第4シーズンより)の管理職を目指す姑息な教師であるが、小市民的な役柄を演じていても、なんとなく欲望の根源が満たされていそうな、ガツガツしない余裕を感じさせるのは、そのあたりに理由があるのかもしれない。そもそも、私が彼に注目したのは、お受験コメディ『スウィート・ホーム』の、高樹沙耶演じるママ友「エルメス」のリッチで女好きの夫役である。この時のイメージが強すぎて、私はずっと金田明夫を「エルメスの夫」と呼んでいた。愛人にかまけ妻に育児を任せきりにする許しがたい面もあるのだが、『クレヨンしんちゃん』野原しんのすけのモノマネでしかしゃべらない娘に振り回されておたおたする様などどことなく憎めない。久しぶりにエルメスとベッドをともにする時の心底嬉しそうな舌なめずりせんばかりの顔つきは、子どもながらに忘れられないものがあった。

アイドルのヤマケンと中間管理職を得意とする金田明夫が重なったのは、異常な若作りをする彼の姿を『世にも奇妙な物語』の特別編で見たことがあるからかもしれない。

一九九六年放送「年功不序列」(高橋留美)では極端な若返りをはかる会社の方針に振り回され、必死にストリート文化を身につけようとするサラリーマンの悲壮感を表現している。しかし、基本的にどこでも馴染む、なんでも身につく金田明夫ゆえ、イタいことにならないのが興味深い。ラッパー風ファッションに身を包んで、チャラ男とつるみ、当時の若者言葉を使っても、それなりに様になっているのである。当時の渋谷系文化を振り返る意味でも、一見の価値があるカルト回である。

卑小な役を演じても、なんだかんだと愛される金田。そんな彼の役柄の特徴として、出番の長さに関係なく、起承転結の「起」にかかわってくることが非常に多い。古典的名作『王様のレストラン』(95、三谷幸喜)で伝説のギャルソン・松本幸四郎(現・松本白鸚)演じる千石はなぜ、長い沈黙を破って給食センターからレストラン「ベル・エキップ」に帰ってきたのか。それは初代オーナーへの恩義でもなく、筒井道隆演じる心やさしき二代目が説得したからでもない。初回ゲスト・レストランの客を演じる金田明夫があまりにも横柄だったからだ。無礼な振る舞いをする金田明夫を見るに見かね、客として店を訪れていた千石は、テーブルのクロスを手品よろしく引き抜いて、腰に巻きつけ、即席ギャルソンになって、こう言い放つ。「私は先輩のギャルソンに、お客様は王様であると教えられました。しかし、先輩は言いました。王様の中には首をはねられたやつも大勢いると」。千石の華麗な手さばきでしっしと追い払われ、目を白黒させる金田明夫。勧善懲悪の爽快さ、サクセスストーリーが始まるワクワク感、千石の能力の高さを一度に味わえる名シーンは、金田の小悪党ぶりあってこそだ。しかし、彼の持つ独特のリラックス感がドラマ全体を暗い影で覆う場合も少なくはない。

『東京タラレバ娘』(17、松田裕子)は女子会ばかりしているアラサー女性が身の程知らずで子どもっぽくそれゆえ存分に痛い目に遭う、という皮肉な描かれ方をされたことから、その一クール前に放送された『逃げるは恥だが役に立つ』の年齢や性別から自由になろうというメッセージと比較され、「逃げ恥が解いた呪いをタラレバが全力でかけてくる」と批判する声もあった。確かに、ヒロインたちが居酒屋で大声でさわぐなどしてほかの客に迷惑をかけているといった描写がある。しかし、よくよく検証すれば、悪いのはあの人たちではない。あの居酒屋「呑んべえ」は三人娘の一人・小雪(大島優子)の父、金田演じる鳥居安男の店なのである。友達の実家、それも金田明夫の経営する居酒屋である。そんなの、どんな人間でもハメを外して大酒を飲むのが当たり前ではないか。女子会をする女が子どもっぽいのではない、金田明夫の店では誰もが子どもっぽくなってしまうのだ、と私は声を大にして言いたい。

さて、今クール(二〇一八年七月クール)最大の問題作『ヒモメン』(森ハヤシほか)で、金田は職業といい言動といい作務衣といういでたちといい、タラレバの鳥居安男とほぼ同一人物を演じている。ヒモ男役の窪田正孝の行きつけ居酒屋店主・網走《あばしり》太一郎だ。土曜夜という時間帯から、疲れた女をそっと包んでくれるビューネ君を期待した視聴者は悲鳴をあげるだろう。働かない心もない家事もしない、窪田の熱演のかいもありクズ中のクズに早くも批判殺到中だが、なぜこんなモンスターが生まれたのか、検証したところ、恋人役の川口春奈のせいではない。どう見ても、タラレバ同様、金田の店の居心地が良すぎるからだ。ヒモ男にとって唯一の社会との接点である居酒屋店長が、手持ちの金を見て、おつまみやお酒を融通してくれ、優しく話を聞いてくれるのだ。これで、ダメにならない方がおかしいではないか。網走太一郎がヒモ男を甘やかし続けることがわかるだけに、希望を持って視聴するのはおすすめしないドラマである。

名バイプレイヤーにして居心地の良さを作る天才、金田明夫。かつてはシェイクスピア劇を演じたこともある彼に今、私が期待するのは山下健二郎との親子ドラマだ。エンディングではもちろん、三代目 J Soul Brothers と激しくダンス。大丈夫、彼ならなんの問題もなく、オラオラでイケイケな空間にもなじむはずだから。

*

その後、不景気はドラマにも影響を及ぼし、うちで食事したりくつろいだりする描写が増えた気がする。経済的にゆとりがないはずのキャラクターがカフェでくつろいでいたりするのはおかしい、などと私も文句を言ったこともあるが、ささやかな外食さえ贅沢に見えてしまう時代がだんだん悲しくなってくる。

第20話／二人は獣になれるのか？恋愛ドラマの必須アイテム考

新垣結衣がボロボロだ。『獣になれない私たち』(18)で演じる深海晶という人物の話である。鳴り止まないLINE、辛い恋、ブラック業務に心身をすり減らす日々。パワハラ上司・九十九(山内圭哉)がデスクに飾るのが「永遠の処女」原節子だったり、かつて新垣自身がバラエティで披露していたオフは金髪に染めているという話が元ネタか、と思わされる、晶がモード系ファッションで周囲を驚かせるエピソードが挟まれたり、脚本家・野木亜紀子は巧みにヒントを潜ませている。これは、常に愛され期待されるガッキーの、いやいや、頑張るほどになぜか搾取されてしまう、私たちの物語なのだ。

獣、とは一体なんなのか。松田龍平演じる恒星の情熱的な元カノ・呉羽(菊地凛子)か。優柔不断な恋人・京谷(田中圭)宅に住み着く怠惰な元カノ・朱里(黒木華)か。九十九や身勝手な同僚たちか。情熱、勇気、率直さ、とも予想したが、第四話まで見て考えが変わった。晶は京谷へのあてつけに、行きつけのクラフトビール専門店「5tap」で酒をあおり「バカになりますか？」と恒星を誘い、彼の自宅兼事務所へなだれ込む。かつて晶は彼に誘われ、突っぱねている。その話を蒸し返すと、恒星は「バカになれたらいいのにね」と苦笑いする。ここでいうバカとはすなわち獣。獣とは性欲を指すのか。ならば、朱里から京谷を略奪したかっこうになる晶も、酒に任せて女遊びを繰り返す恒星も、立派に獣と言えるだろう。その夜、晶と恒星はだらだらとベッドで酒を飲み続けるが、結局なにも起こらない。決して酔わない晶はムードに乗れず、それほどの酒豪ではない恒星は寝落ちしてしまう。ひょっとすると、獣とは「酒の力を借りてハメをはずし、恋愛しているかのように自分をだます」ことではないだろうか。

男女が酔って同じベッドで朝を迎えるという場面を国内ドラマで目にしたのは数限りない。しかし、野木脚本『逃げるは恥だが役に立つ』がまさにそうだが、ここ数年のヒット作の傾向として、主要人物は節約志向インドア派に移行しつつあり、飲み歩く描写をあまり見かけない。綾瀬はるか主演『きょうは会社休みます。』(14、金子茂樹)が、原作漫画だとヒロインは酔って記憶を持たずに処女喪失するのに、シラフのまま主体的に肉体関係を持つよう改変されているのが象徴的だ。

ブーツ型ビールジョッキを一躍有名にした『男女7人夏物語』(86、鎌田敏夫)はアルコールで始まる王道古典ラブコメだ。ノンフィクションライターを目指す桃子(大竹しのぶ)はある朝、ツアーコンダクターの良介(明石家さんま)のベッドで目を覚ます。前夜、行きつけの店「サンタモニカ」で意気投合した様子だが、互いに酔っていて記憶はあやふやだ。合コンで再会を遂げ、会えば口論しつつも距離を縮めていく。今年『東京ラブストーリー』が再放送された時も、似たような感想が聞こえてきたが、登場人物たちが職場に私用電話をかけまくり、夕方には退社、毎晩のように飲み歩いている日常に、ポカンとした。なによりも衝撃的なのが、『男女7人秋物語』（87、鎌田敏夫）へと続く最終回で、桃子は良介と天秤にかけて、半年間に及ぶマイケル・ジャクソン（ＭＪ）のツアー同行取材のオファーを受けるか受けまいかで悩むくだりである。三〇年前のＭＪは今ほど神格化されていない点、当時の平均初婚年齢の低さ、海外との連絡手段が乏しいことなどを考慮しても、一生に一度あるかないかのビッグチャンスと恋愛が同等で、たった六ヶ月さえ離れ離れではいられないというこの価値観。京谷と四年も膠着状態にある晶に比べると、考えられないほど直情型である。獣とはしのぶとさんま、じゃなかった、桃子と良介のことなのではないか。

一九九六年『ひとり暮らし』になると、ぐっと堅実になる。デパート勤務の美歩（常盤貴子）は初めてのひとり暮らしに奮闘中。隣人の知也子（高樹沙耶）が経営する花屋併設のカフェ「Doucement」で、ビール会社の営業マン・新谷（高橋克典）と知り合う。遊び慣れた新谷への反発から、苦手なビールを一気飲みし、急性アルコール中毒で倒れてしまうが、介抱されたことをきっかけに急接近。「Doucement」はアルコールも提供するけれど、基本的にお茶とケーキの店で、マチュアな雰囲気の知也子に人生相談もできる。タバコをくゆらす知也子に憧れて美歩が喫煙にチャレンジするくだりは今見るととても伸びやかだ。一方、新谷は始終ピリついていて言動が意味不明、情緒不安定な美歩の親友・恭子（永作博美）にさえ手を出す始末だ。困ったことに、背伸びざかりの美歩にとっては、アルコール同様にいつかは攻略したいミステリアスで魅惑的な存在なのである。彼との仲が深まるにつれてお酒の飲み方も覚え、ごく自然に居酒屋の暖簾をくぐるようにもなり、精神的に成熟し、最終回では同棲用の部屋を探している様子だ。せっかく自立に成功したのに新谷に気を使い続ける生活でいいのかい……と思わないでもないが、恋やお酒が素敵な大人の必須アイテムだった時代らしいストーリーだ。

林真理子原作の『anego［アネゴ］』はエポックだ。この辺りから、ベストセラーと生真面目なヒロインの合わせ技がヒットの鉄則になる。余談だが、社会人になりたての頃、お昼休みはこのドラマの話題で持ちきりで、誰もが篠原涼子演じる姉御肌の野田奈央子を応援し、既婚者の沢木役の加藤雅也とくっつけばいいのに、と騒いでいた。大ファンのともさかりえが沢木の妻役だったため、私は誰を味方するかで悩んだものである。ほんの十数年前なのに、不倫に対して寛容な空気で、大企業勤務の恵まれたヒロインに感情移入できていたことに驚いてしまう。しかし、安定した暮らしぶりや雇用状況は物語をポップに楽しくしている。奈央子は酒が強く、スマートな飲み方も知っている。行きつけが立ち飲み屋「金太郎」なのも当時は新鮮だった。お見合いに行き詰まり、珍しく飲みすぎた奈央子を介抱したのは、新入社員の黒沢（赤西仁）。彼と同じベッドで朝を迎えるも、奈央子はときめきを偽装できず、失敗を恥じ、冷めた目で自己批判を繰り返す。黒沢との関係はとりあえず先送りし、奈央子は今後も自分を頼ってくれる同性のために奔走し続けるのだろう、と思わせる最終回は、ロマンチックラブイデオロギーからの解放を先取りしていたといえるかもしれない。

『男女7人』シリーズから振り返ってみると、ヒロインたちのお酒との付き合い方は格段にうまくなってきている。それは同時に、酔ってハメをはずすことが女性に許されなくなってきた時代の変化も示している。知らない男に付いていくベロベロのヒロインに視聴者はもう共感しないし、現実的に考えても楽しめる状況ではない。寝ている間にSNSで画像をさらされるかもしれないし、個人情報が一度漏れたら取り返しがつかない。自己責任論がかまびすしい時代のヒロインに本当に必要なのは、情熱やときめきや出会いなどではないのかもしれない。労働環境と経済状況の安定、プライベートの確保、失敗や冒険を大目に見てもらえる周囲の寛容さではないか。だって、仕事を早めに切り上げて好きなお店で酔っ払い、LINE通知を無視して思う存分眠った翌日には、どんな女だって、野性のエネルギーを取り戻せるはずなのだから。

＊

その後も、お酒でヒロインがハメを外す場面は減り続け、寂しいと言えば寂しいが、二〇二四年五月現在、放送中の朝の連続テレビ小説『虎に翼』（吉田恵里香）で画期的な場面があった。冤罪をかけられた父（岡部たかし）の無実が証明されたお祝いにヒロインの寅子（伊藤沙莉）は、家族でお酒を飲むのだが、その飲み方がとても落ち着いていて美味しそうだったのだ。『作りたい女と食べたい女』（22、山田由梨）でも女二人がお酒を飲む場面があり、酔っ払ったり、ドジをしたりせず、ただ愛しむように味わっている。その分、食事がより美味しそうに見える。ヒロイン飲酒場面が成熟したのは、お酒好きとしては嬉しい。

第21話／納得のいく生き方を求めて。ニッポン自己啓発ドラマの歴史

日本での自己啓発本の映像化は難しい。例えば、アドラー心理学を解説したベストセラー『嫌われる勇気』は香里奈主演でドラマ化（17、徳永友一ほか）されたけれど、日本アドラー心理学会から抗議され、脚本の見直しか放映中止を求められる騒ぎになった。香里奈演じる刑事の言動がアドラーの提言から程遠いものだったと言われているが、再放送もなくソフト化もされていないので、検証しようがない。

『ちょうどいいブスのススメ』もとい『人生が楽しくなる幸せの法則』（19、武井彩）も批判が殺到し、タイトル変更を余儀なくされた。原作はドラマ内で「ちょうどいいブスの神様」役も務める相席スタート・山﨑ケイによるモテ指南エッセイ。男性芸人たちから「お前はちょうどいいブス」と評されたことをきっかけに、自分の立ち位置や武器を自覚し、うまく生きられるようになった経験が綴られている。自己卑下を他の女性にも求めるな、との批判はまったくその通りであるが、視聴するうちに、著者だけが責められるのはいかがなものか？とも思うようになった。

人生に迷う会社員・彩香（夏菜）、里琴（高橋メアリージュン）、佳恵（小林きな子）。誰がどう見て

も三人の生きづらさは「ジャストライト物産」総務部の環境にある。男性社員たちのミスのフォローだけでも大変なのに、彼らのプライドを傷つけないように注意して振る舞わなければいけないのだから。ご機嫌を損ねれば「色気がない」「お前には友達がいないだろう」と仕事と関係のない部分で糾弾される。「ちょうどいいブス」の成功者とされる課長・初美（伊藤修子）にしたって、お菓子を配るといった気働きを「課長はアリ」というセクハラ目線で評価されているにすぎない。神様はことあるごとに自らをブスであると認め他者からの評価を上げろ、と説く。結果、三人は成長するというよりは、劣悪な職場環境に適応していき、これが良いこととして描かれる。ひょっとすると、芸人社会とは、いや、日本全体が、このジャストライト物産なのではないだろうか？　だとしたら、責められるべきは、女性の側ではない。

欧米で生まれた自己啓発＝セルフヘルプとは、専門家の助けを借りずに、個人が主体的に人生と向き合うための手引きである。しかし、日本の自己啓発本を読んでいると、主体と客体の概念が入り乱れていて、混乱することが多い。『嫌われる勇気』のいざこざも、アドラー学会と制作サイド、それぞれのセルフヘルプのとらえ方に、行き違いがあったためではないか。

『小悪魔な女になる方法』（05、相内美生）は著者で原案の蝶々が銀座ホステスとしての体験を綴って人気を博した恋愛指南書だ。二時間ドラマでは不器用なヒロイン役の青木さやかが、銀座クラブのママ役の松坂慶子のアドバイスを実践する様が描かれる。魔性の女としてやりたい放題のさやかを期待したのだが、そもそも原作のメソッドからして、男を許せ、甘えろ、褒めろ、という接客という名のエンタメ精神に基づいているので、頑張ったところで、上司役の細川茂樹に告白することで任務完了とされてしまう。それでもギミックめいた動きが最高な同僚役のさとう珠緒とのやりとり、師匠の松坂慶子その人も、かつて先輩から技術を継承されている点など、メソッドをシェアハピしていく過程は素晴らしい。「同性と連帯できない」といった描かれ方をされがちな小悪魔を、原作同様にポジティブにとらえ直していた点も良い。

水野敬也原作『夢をかなえるゾウ』は『人生が楽しくなる幸せの法則』と同じく神様から与えられた課題によって幸せをつかむというストーリー。小栗旬主演の二時間ドラマ版『男の成功篇』(08、根本ノンジ)は靴を磨く、人を褒める、といった原作ママの常識的メソッドなので、ハラハラもせず、神様役の古田新太もチャーミング。しかし、続編として始まる水川あさみ主演の連ドラ版は、『女の幸せ篇』(08、三浦有為子ほか)と題され、メソッドからして、爪を切る、合コンでボディタッチをする、この世で一番興味ない異性とデートする、などとまったく異なるものが用意されている。それでも、最終的に水川がつかむのは、自分の欲求に従い趣味を優先させる人生なので、細かいところに目くじらを立てても仕方ない気もする。そういえば、同作者の『スパルタ婚活塾』を原案にした連ドラ『私　結婚できないんじゃなくて、しないんです』(16、金子ありさ)も、料理人役の藤木直人が客役の中谷美紀にマウントを取る出だしにうんざりしたが、モテメソッドを身につけた中谷が異性を自由自在に操っていく様は、痛快だったりもしたのだ。

よくよく振り返ってみれば、日本の自己啓発本由来ドラマはどれも、他者からの評価を軸としていて、そこまで主体的な生き方を目指しているわけではない。徹底して客体をよしとする『人生が楽しくなる幸せの法則』ばかりを責められないのだ。それでも、ここにあげたドラマに批判らしい批判が聞こえてこなかったのは、周囲と呼吸を合わせるのも大事だけど自分の欲求も忘れずにね、というバランス感覚が「ちょうどよい」形で描かれていたためだろう。

一作だけ例外はある。こんまりこと近藤麻理恵著『人生がときめく片づけの魔法』を原案とするドラマ版(13、渡辺千穂)だ。こんまりその人を連想させる、仲間由紀恵演じるのりまきが片づけのプロフェッショナルとして、ときめくものは残せ、ときめかないものは捨てろ、片づけとは人生にカタをつけるという意味だ、を合言葉に、依頼人をしごきまくる。片づけられない女・二子玉川を演じるのは、なんと『人生が楽しくなる幸せの法則』で彩香を演じる夏菜である。自己表現が下手で失敗してばかりの彩香と二子玉川はほぼ、同一人物と言っていい。しかし、彩香が「ちょうどいいブス」を目指し職場での生存戦略を練るのに対して、二子玉川は徹底的に部屋を掃除させられるうちに自分の過剰な部分、つまり個性を発見していく。こんまりファンにとっては有名な、服のたたみ方に成功し、歓声をあげる場面で、彼女本来のエネルギーが爆発する。結果、二子玉川は嫌いな職場を去り、のりまきとともに働くことを選ぶのである。のりまき＝こんまりの教えはどこまでも主体たれ、というものだ。依頼人が身につけるのはバランス感覚や謙虚さではない。自分を軸にして、人生を切り開いていく強さだ。教えに従った結果、クレイジーなインテリアやド級の変人が生まれてしまう可能性も高いが、本人がときめいているならそれでＯＫ。この姿勢こそ、セルフヘルプ本来のあるべき姿である。明らかに連ドラを見据えた作りにもかかわらず、単発に終わっているのは、ひょっとするとこのメッセージが「ちょうどよくない」と目されたためなのかもしれない。

今年（二〇一九年）Netflixで、近藤麻理恵がアメリカの家庭に片づけを伝授する番組『KonMari～人生がときめく片づけの魔法～』が、奇しくも『人生が楽しくなる幸せの法則』と同時期に配信されている。正反対の主張を持つ二つの番組が「自信がない日本人女性」を演じることに長けた夏菜を介してつながっているのは偶然か。国内では単発に終わったはずのこんまりメソッド映像化が世界規模では大人気というのも、なにやら深く考えてしまうのである。

山﨑ケイを貶めた男性芸人、そしてジャストライト物産の男性社員達にこそ、こんまりは必要だ。今すぐときめきを信じて身の回りを整理して欲しい。彼らが自力で人生にカタをつけられるようになれれば、女性に「ちょうどよさ」を要求することもないのである。

＊

『ギルモア・ガールズ』続編『ギルモア・ガールズ：イヤー・イン・ライフ』にも『セックス・アンド・ザ・シティ』続編『AND JUST LIKE THAT…／セックス・アンド・ザ・シティ新章』にも登場人物がこんまりメソッドを信奉する場面が出てくるので影響力の

凄まじさを思い知る。

その後、山崎ケイが所属する、吉本興業の芸人たちは次々に闇営業やパワハラ、セクハラで告発され、やっぱり彼らに必要だったのは自分自身と向き合うことで、女性に「ちょうどよさ」を求めている場合ではなかったのだ、と実感している。

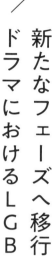

第22話 ／ 新たなフェーズへ移行中。ドラマにおけるLGBTQ

ＬＧＢＴＱの登場人物が活躍する今クール（二〇一九年四月クール）、もっとも評価が高いのは、中年ゲイカップルを描いた『きのう何食べた？（何食べ）』だろう。原作漫画へのリスペクトに溢れる安達奈緒子の脚本もさることながら、作品から飛び出してきたようなそっくりキャストが贅沢。とりわけ、心優しき美容師・矢吹賢二を演じる内野聖陽が素晴らしい。食器を持つちょっとした仕草まで、ウキウキと目で追っている。そうなると、俄然気になってくるのは、倹約家で料理好きの弁護士・シロさんこと筧史朗を演じる、西島秀俊のいつもの彼と変わらない静かな佇まいだ。完全に「ケンジ」にしか見えない内野の憑依ぶりと比べると、物足りないきらいがあったのだが、四話のクリスマスイブ、シロさんがケンジにラザニアなどのご馳走を振る舞うシーンで、ようやく納得できた。西島秀俊がまったく力まずにゲイ男性を演じることは、日本ドラマ史において、非常に意味があることなのだ。

一九九三年、月9枠で『あすなろ白書』（北川悦吏子）が放送された。五人の男女の青春を描き、当時二番手扱いだった木村拓哉を「俺じゃダメか」のバックハグで一躍スターにした、言わずとしれた古典的名作だ。西島秀俊はその中の一人、ピアノが得意な財閥の御曹司、松岡を演じている。ポルシェを乗り回しプレイボーイを気取っているが、筒井道隆演じる掛居に密かに想いを寄せている。松岡はクリスマスイブ、恋人のなるみ（石田ひかり）と距離を取って一人で受験勉強をする掛居に、フランス料理を差し入れて告白をするが、友達でいたいとフラれてしまう。この時のフランス料理は、松岡家のお抱えシェフによる、キャビアとタピオカのスープなど凝った贅沢なものだ。ちなみにプレゼントのモスグリーンのマフラーも、ばあやが編んだものである。松岡は嫉妬心から、なるみから預かった手紙を渡さず、そのことで二人の仲を修復不可能にしてしまう。良心の呵責に苦しむうちに、交通事故で他界。

この松岡というキャラクター、筧史朗との共通点がとても多い。保守的な両親のプレッシャーで悩み、彼をヘテロセクシャルと誤解している周囲の女性からは人気があり、なんでも器用にこなせる、そして（原作のみでドラマ第五話の段階では描かれていないが）ヘテロセクシャルの男友達への片想い経験がある。かけい、という苗字もなにやら因縁めいて思える。ひょっとすると、シロさんの日々とは、松岡が夢見た、あったかもしれない四〇代の人生なのではないか。掛居に届けたクリスマス料理にしたって、愛情豊かで手先の器用な松岡のことだから、本当は手作りしたかったのではないか。マフラーだって、自分で編んでみたかったのではないか。同性愛者の日常が丁寧に描かれることと同様、男性が料理や手芸に親しむ空気もまた、当時は希薄だったのである。報われない片想いのまま理不尽な死に方をした松岡と、恋人に愛されて楽しく料理するシロさんを、ともに西島秀俊が演じていることは、ひょっとすると、この社会が多少なりとも成熟したことの表れなのではないか。二六年もかかったと思うと感慨深い。

松岡の唐突な死からもわかるように、九〇年代、同性愛は破滅とともに描かれることが多かった。その代名詞とも言えるのが、『あすなろ白書』と同クールに放送された『同窓会』（井沢満）だろう。七月（斉藤由貴）と風馬（西村和彦）は元同級生のカップルだが、風馬は七月の元彼である康介（高嶋政宏）を愛している。七月との結婚に踏ん切りをつけるために初めて足を踏み入れた新宿二丁目でバイセクシャルの少年・嵐（山口達也）と出会い、一夜限りの関係を持つのだが……。とんでもない熱量の台詞とジェットコースターのような展開に引き込まれるけれど、セックス、略奪、裏切り、嫉妬、レイプ、死が次から次へとやってきて、この描き方はどうなんだ、と思わなくもない。でも、ミッツ・マングローブのコラム（『週刊朝日』二〇一八年五月一八日号）によれば、放送当時、二丁目から人が消えたというから、当事者にとってはどんな形であれ存在が可視化され、ゴールデンに放送されたということだけでも受け入れられたのかもしれない。

同じ時期、レズビアンに至ってはもっと酷い扱いである。『悪魔のKISS』では、みさを（奥山佳恵）は、憧れの絵本作家・北原れい（黒田福美）のアシスタントとなって喜ぶが、れいに関係を迫られ、睡眠薬をもられる始末。女優としての安室奈美恵がキュートな青春ドラマ『いちご白書』（93、神山由美子）にしても、ヒロインの茜（小田茜）は母の和江（市毛良枝）が、作家になる夢を諦めきれずに家出し、レズビアンの女友達・俊子（山村美智子）と同居していることから、自分もレズビアンだったら、と怯えた顔で仲間たちにこぼしている（そこは神山由美子脚本なので、のちに俊子から茜は厳しく批判されるのだが）。いずれも九三年放送というのも考えさせられる。

流れが変わったのは二〇〇〇年と見ていいだろう。同性愛者のキャラクターが大勢登場する『アリー my Love』や『セックス・アンド・ザ・シティ』などの海外ドラマの上陸（今見るとかなり差別的なのだけれど）、肩に力の抜けた宮藤官九郎の登場を経て、なんだか九〇年代メソッドが突然古臭く思えてきた記憶がある。ドロドロ愛憎ドラマをぱったりと見なくなったのもこの頃だ。二〇〇〇年に放送された人気コメディ『ラブコンプレックス』（君塚良一）で、伊東美咲と西田尚美がカップルを演じたあたりから、はっきりと作り手の意識が変わった気がする。

そして『弟の夫』（18、戸田幸宏）、『隣の家族は青く見える』（18、中谷まゆみ）など、性描写や破滅なしにゲイカップルが描かれることが近年当たり前になってきた。現在最新形の『何食べ』ではあるが、おそらく何年か後に見返したら、ここはどうなんだろう、と思う描写はまったくないとは言えない。シロさんとケンジが、恵まれた富裕なカップルであることは、そのうち古くさく思えるのかもしれない。それでも、アップデートを繰り返し、時には後退しながら、作り手も我々も、少しずつ前に進んでいることは確かだ。ゲイカップルのドラマがこうして人気になったのだから、次に話題になるのは『おばさんずラブ』であって欲しいと心から願うのである。

＊

この後、あまり時間をおかずに『作りたい女と食べたい女（つくたべ）』が制作され、ヒットし、セカンドシーズン（24）には大ファンのともさかりえまで出演したので、私はもう大満足である。『何食べ』と違い『つくたべ』は、どちらもそこまで収入が高くない（一人は非正規雇用）女性二人の物語なので、そこも新しいと思う。

第23話

「愛ゆえに」ではもう、済まされないのです

『凪《なぎ》のお暇《いとま》』（19、大島里美）がヒット中。私も、コナリミサトの原作漫画に登場する、すいとんやパンの耳ポッキー、ゴーヤの素揚げなどの節約レシピをこの夏せっせと作り続けている、コミックからのファンである。自己肯定感の低いヒロイン・凪がストレスフルな会社員生活をドロップアウト、元彼の支配からも逃れて、同性との友情や小さな冒険を通して自立していく物語を、黒木華はじめとする実力派キャストが細やかに演じ、放送前にささやかれたミスキャスト揃いなのでは、という懸念を一掃した。かくなる私も、元彼の慎二役が高橋一生なのどうなの？と危ぶんでいたクチである。原作の慎二は同情すべき点もあるし、凪を愛してもいるが、やっていることは完全なるモラハラという、二面性ある悪役なのだ。優しげな佇まいの高橋一生が演じちゃったら「でも本当はいい人」に集約されてしまい、愛があるんだから多少の横暴は大目に見ようね、という女性への抑圧に拍車をかけるんじゃないかと不安視していた。ところが蓋を開けてみたら、高橋一生は慎二の憎めなさを表現しつつも、独特の不気味な目の見開き方を駆使して「でもこいつはモラハラ」という線を死守しているのである。視聴者も、彼の長所を理解しながら「でもこいつはモラハラ」とちゃんと認識している。これは本当にすごいこ

とだ。なにがすごいと言って、このドラマをあのＴＢＳで放送していることとである。

「好きだからいじめるのよ」「男って不器用だから女のサポートが必要なんだよ」「愛があればどんな障害だって乗り越えられる」……。この手のメッセージは九〇年代あらゆるエンタメに浸透していて、繰り返し摂取するうちにみんなそれに慣れてしまった。私もそうだ。この愛という名のもとに女性が奴隷扱いされるドラマ、かつてＴＢＳに異常に多かったのである。

佐野史郎をスターにした『ずっとあなたが好きだった』（92、君塚良一）は佐野演じる冬彦さんのギミックめいた奇行ばかりが話題になり「マザコン」を流行語にしたが、彼のやっていることは今見れば完全なるモラハラで、当時そこはほとんど論じられなかった。最終回では、冬彦さんの純粋さが肯定される形にもなっている。続編的位置づけの作品『誰にも言えない』（93、君塚良一）も同様で、こちらに至ってはヒロインの良い夫を演じる羽場裕一でさえ、妻への純愛という大義名分を得て、いろいろと横暴な行動をとっている。二作にわたって悲劇のヒロインを演じた賀来千香子が、ガールエンパワメントドラマ『地味にスゴイ！　校閲ガール・河野悦子』（16、中谷まゆみ・川﨑いづみ）で、女性ファンに愛し愛される大作家を楽しげに演じるのを見た時は、感慨深さに泣きそうになったものである。

テレビドラマにおける性犯罪の扱いの甘さに大きく貢献したといえば、野島伸司作品は欠かせない。『高校教師』（93）は、教師の淫行も愛があれば仕方ないよね、とする価値観を浸透させ、このジャンルを量産させるきっかけにもなったが、弊害はそれだけではない、教え子に性暴力を振るいビデオで脅していた同僚役の京本政樹がのちに改心して、続編にあたる二〇〇三年版には善玉として再登場しているのである。更生するのはいいとして、なんでお前、同じ職場でのうのうと働いてんの……？　「本人が反省しているんだからもういいじゃん」「被害者が幸せになった時点で無効」の謎ルールはこの時すでに確固たるものになっていたのだと思う。

作り手ばかりも責められない。私が中三の時に夢中になっていた『硝子のかけらたち』（96、遠藤察男）は、なにかの拍子に細部まで蘇り、あれとんでもなかったんだな、と時々思うに至る暗黒作だ。どれくらいハマっていたかといえば、夏休みに入院したせいで最終話だけどうしても見られず、テレビドラマ好きだった担当の女性看護師さんに細かいあらすじを教えてもらい、満足した思い出があるくらいだ。かつて性風俗産業に身を置いていた硝子（松雪泰子）の過去に恋人の敦也（藤井フミヤ）が苦悩するという物語なのだが、今にして思えば女性を許すとか許さないとか、随分と上から目線である。なお、二人を引き裂く悪役、時三（笑福亭鶴瓶）の怪演ばかり評価され、社会問題は二の次だったような気がする。とはいえその時は深く考えずドロドロ展開にのめり込んでいたのだが、ずっと小骨のように引っかかっている場面がある。時三が部下の美戸部（なんと売り出し中の生瀬勝久）に命令し、硝子に性暴力を振るわせようとするのだが、未遂に終わる。反省する美戸部は、恋人の夏芽（江角マキコ）に慰められ、硝子にも許され、周囲と元のような関係を維持するのである。なんら罪を犯していない硝子は責められて、現在に至るまで酷い目に遭い続けるのに、この手厚さはなんなのだろうか、と子どもながらに気になっていた記憶がある。

男性加害者のみたっぷりケアされ、なんなら被害者に更生までサポートしてもらえる怪現象として同じく記憶に残るのは、康弘（緒形直人）と香代（大塚寧々）の異母兄妹カップルの苦難を描く『愛とは決して後悔しないこと』（96、矢島正雄）。映画『ある愛の詩』由来のタイトルからしてヤバさしかない。愛してもなんか違うと思ったらすぐに後悔して逃げていいんだよ！　実は血のつながりはないというエクスキューズは用意されているものの、教師と生徒の恋愛同様、こんな風に近親者との閉じた関係をロマンチックな障害ありのラブストーリーとして描く作品、ドラマ漫画問わず九〇年代はものすごく多かったのだ。康弘の親友・関根（的場浩司）は気のいい三枚目だが、香代を愛するあまりどんどん狂気じみてくる。香代への性暴力に失敗した後は、あてつけに康弘の元婚約者・朋子（横山めぐみ）に性暴力を振るう。しかしながら最終回には改心し、香代にも朋子にも許される。朋子に至っては、彼の更生をサポートし、のちにパートナーになるのではないかという予感もほんのり漂わせている。ちなみに主題歌はとんねるず「おまえが欲しい」。怖い。

もちろん加害者がちゃんと法廷で裁かれ、被害者の救済を描こうとした『真昼の月』もあるにはある。その試みやヒロインを演じる常盤貴子は偉大なのだが、恋人役の織田裕二の行動がやることなすことセカンドレイプになっていて、それを「彼女を愛しているがゆえの空回り」と許されているところは残念しきりである。

ヒットは多い分、女性側ばかりが一方的に苦しめられ加害者おとがめなしな作品も目立つTBS。それが近年大きく変わり始めた。家庭内での搾取をガッキー（新垣結衣）に指摘させた『逃げるは恥だが役に立つ』、抑圧から犯罪に走った女性たちにとことん寄り添った『監獄のお姫さま』。そして『凪のお暇』では、愛があってもモラハラはモラハラであるという、これまで絶対に同局では描かれなかった認識を浸透させた。この功績は今後の日本人の恋愛ドラマの見方を大きく変えてくれそうで、私は今からワクワクしているのである。

*

昔の地上波ドラマを見ていると、応援すべき恋愛として描かれている多くが、今の価値観だとモラハラなのに、びっくりする。私自身そういうところがあるのだが、ドラマの中で是として描かれていると、実際に同じ目に遭っても「ま、いいか」と思いがちで、社会人時代、理不尽に怒鳴られても、ＴＢＳの数々のお仕事ドラマを思い出し、あまり気にしなかった。ドラマがアップデートすることで、社会認識は確かに変わるのである。

第24話

緻密に計算された、「前日譚」を見る楽しみ

実は『男はつらいよ』を研究する会、略して「つらいよ会」というものをかれこれ五年近くやっている。活動内容は単純で『男はつらいよ』好き同士で集まり、ロケ地を巡ったり、居酒屋でどのマドンナが好きで、どのエピソードが心に残っているか、などあれこれと語り合ったりというものである。子どもの頃、父と一緒にテレビやＶＨＳで何度も繰り返し見ているため、内容もノリも身体に染み付いていて、もはや好きや嫌いでは語れない段階まで来てはいるのだが、寅さん（渥美清）の女性を外見でしか判断しないルッキズム、約束に対する無責任さ、ナチュラルなハラスメント体質が、ここ数年、じわじわと気になり始めている。昔はお腹を抱えて笑っていた、メロンを食べようとすると、必ず寅さんが帰ってきてひがみ、大乱闘になる、というあのくだり、今はおばちゃんがメロンを出しただけで、くるぞ、くるぞー、と胃が痛くなるくらい苦手だ。反対にさくら（倍賞千恵子）の夫・博（前田吟）のかつて鬱陶しかった正論っぷりを好意的に受け入れられるようになった。マドンナも寅さんを叱咤する浅丘ルリ子のような気が強いタイプが断然ご贔屓になってくる。

さて、そんなつらいよ会にとって二〇二〇年は記念すべき年になりそうだ。なにしろお正月

に最新作『男はつらいよ　お帰り　寅さん』が公開されるのだ。会員全員でお正月に劇場で寅さんを見る、という長年の夢が叶う上に、前評判によれば、最新の映像技術で本当に渥美清がそこにいるかのように見えるとのこと。なんでも寅さんの甥っ子の満男（吉岡秀隆）は売れっ子作家で、くるまやはカフェになっているらしい。

ワクワクが募る中、映画に先駆けてNHK土曜ドラマで『少年寅次郎』（19、岡田惠和）の放送があった。国民的人気者・寅さんの前日譚である本作は、時代考証もセットもしっかりした丁寧な作りの昭和のホームドラマだ。渥美清に顔立ちがそっくりな子役・藤原颯音が愛嬌たっぷりで目が離せないのはもちろんだが、別にそっくりさんというわけではないのに、おばちゃん・つね（三崎千恵子）、産みの親の菊（ミヤコ蝶々）のそれぞれ若い頃を演じる岸井ゆきの、山田真歩の二人に夢中である。どちらも雰囲気や佇まいが、ああ、なるほど、そうだよな、と膝を打ちたくなる作り込みで、本家を研究し尽くしたことが伝わってくる。そもそも『男はつらいよ』は一九六八年から一九六九年にかけて放送されたテレビドラマから始まっている。それも、寅さんがハブに噛まれて死ぬ、バッドエンドだ。ネットもないのに炎上して、その後映画化された。もともと、こんな風に連ドラで楽しんで、ああだこうだ言うのに、適したコンテンツなのかもしれない。

さらに本作がすぐれているのはハートウォーミングながら、前述した寅さんのヤダみや暗黒面がいかにして生まれたのか、相当な説得力をもって描かれているところだ。映画本編にはまったく登場しない、献身的な美しい母親（井上真央）ととんでもない毒父（毎熊克哉）の存在が彼の中でものすごく大きいことに、今更ながらハッとしっぱなしだ。つらいよ会でも一番彼に厳しいことで有名な私でさえ、まあ、そりゃ、ああなるよな、と寅さんの数々の狼藉を許容しつつあるほどだ。これはある意味日本の『ジョーカー』なのではないか…。そう、二〇一九年一一月現在大ヒット中の映画『ジョーカー』もまた、誰もが知っている人気者（？）のジョーカーがいかにして生まれたのか、優しい道化師がどうして悪のカリスマになったのか説得力をもって描いていると伝え聞いている。『少年寅次郎』とは真逆の世界観だが、どちらも「あの人があなのは、実はこうだからなのではないか？」と誰もがぼんやり抱いてきた想像に応えつつ、たやすく上回ってくる緻密な世界観が、人気の理由である。

このジャンル、つまり、有名キャラクターの前日譚ものがどんどん作られればいいのになあ、と『ジョーカー』や『少年寅次郎』の成功を見るにつけ思うのだが、これがなかなか難しい。そもそも誰もが知る人気者というのは限られている。例えば先日放送されたばかりの『磯野家の人々～20年後のサザエさん～』（19、阿久津朋子）や、『エンジェル・ハート』（15、高橋悠也・根津大樹）、『ど根性ガエル』（15、岡田惠和）はいずれも好評だったが、人気キャラクターの未来やパラレルワールドを描いているのであって、過去ではないのだ。未来を描くのであれば、多少のおふざけや脱線行為は許されるから、受け手はそこまで厳しくない。なぜなら、その先の先の未来で我々原作ファンが納得がいく姿が用意されているかもしれないからだ。その点、あらかじめ未来が限定されている世界を描くというのは難しい。本編の「今」に向かって延びていくレールを絶対に外れることができないから、細かい設定や小道具、仕草まで気を抜くわけにはいかないのだ。

もちろん、過去を描いた作品もある。古畑任三郎の子ども時代を描いた『古畑中学生』(08、三谷幸喜)は、案外孤独で物静かな少年・古畑の姿に意外性があった。天海祐希主演『女王の教室』(05、遊川和彦)のスペシャルドラマ『女王の教室　エピソード1~堕天使~』(06、遊川和彦)では、悪魔のような史上最悪の教師・真矢がいかにして誕生したのかが語られ、本編とは別人のように朗らかな天海の演技は強烈だった。前日譚とは言えないけれど、ドラマ版『火垂るの墓』(05、井上由美子)は忘れられない。あの有名なジブリアニメ『火垂るの墓』のヒール役、幼い兄妹を預かる叔母を松嶋菜々子が演じ、その視点から物語を再構築している。子どもの目から見れば意地悪な大人に見えるけれど、今の感覚だとまだ若い叔母にしてみれば女一人で家族を守るのに必死で、親戚の兄妹にまでとても手が回らないという現実をしっかり踏まえ、非常時の過酷さを描き出している。また、簡単に悪を押し付けられがちな女性側に寄り添い、理想のマドンナを演じることが多い松嶋の起用で、さりげなくアンチテーゼを突きつけてもいるのだから見事だ。

『少年寅次郎』も五回で終わったし、ここで挙げたのは単発企画が多い。やはり日本版『ジョーカー』なら、しっかり連ドラで見たいのが私の本音である。そう、そうだ。今こそ、あれをやる時なのだ。ヒットドラマ『半沢直樹』で香川照之が演じた伝説のヒール・大和田常務の前日譚を、高度成長期の余波がある時代からしっかり描くべき時がついに来た。実直な銀行マンだった新入社員・大和田（想像です）が、いかにして、弱者を虫けら扱いする守銭奴に成り果てたのかを、家族との確執、職場のいざこざや同期との友情、裏切りをからめて描く重厚な人間ドラマ。ごく普通の善人が悪に覚醒する瞬間を、香川照之なら、あの伝説の土下座を上回る熱量で演じてくれるに違いない！　もちろん、青年時代も香川本人で！

＊

――この企画は我ながらとてもいいと思っていたので、なによりも香川照之本人に腹が立つ。――

第4章

シスターフッドとサードプレイス

二〇二〇～二〇二一年

『anan』とドラマの五〇年から考える〝定職を持たない女〟の系譜

ドラマの登場人物が憧れの雑誌として『anan』の名を口にすることは昔から多い。例えば、『ロングバケーション（ロンバケ）』のヒロイン・南は売れないチラシモデルだが『anan』のモデルだと嘘をつく。固有名詞が敬遠される国内ドラマで割と珍しいことだ。時代とともにアップデートを繰り返し最先端の女性像を伝え続けてきた『anan』と、その時一番旬の女優を輝かせてきたテレビドラマは今も昔も蜜月の関係にあるのかもしれない。今回はその五〇年を振り返ってみたい。

さて、南といえば山口智子最大の当たり役、憧れヒロインの代表格だが、忘れてはいけないのは彼女が物語の最初から最後まで定職を持たなかったことだ。女性のライフスタイルや価値観の移り変わりがもっとも顕著に表れるのが、ドラマにおけるこの「無職」ないし「定職を持たない」女性の描き方ではないだろうか。

『anan』創刊当時の一九七〇年代のテレビドラマといえば、男性主役のものがほとんど、女性はあくまでも添え物扱いだった印象が強い。そんな中、鮮烈な印象を残すのが『太陽にほえろ！』（72〜86、小川英ほか）第60話「新宿に朝は来るけれど」（73、鴨井達比古・小川英）の犯人役・

桃井かおりだ。一応ホステスということになっているが、ヤクザと癒着した相当危ない職場だし、ヒッピー仲間と行動をともにしていることから、ボスこと警部役の石原裕次郎が言うように流行りの「フーテン娘」としても差し支えないだろう。実際、和風のヒッピースタイルがとてもよく似合う。桃井特有のけだるい喋り方や煙草の燻らし方、はすっぱながらどこかインテリな言動は当時、最先端だったのだ。これといって明確な理由もなく殺人を犯す桃井に、ジーパンこと松田優作は気付くと恋してしまう。どこにも所属せず、その日を楽しく生きればそれでいい、セクシーだけど自分の魅力に無自覚。そんな役回りはその後、桃井の専売特許となる。ヒット作『前略おふくろ様』(75〜77、倉本聰)の第一話、板前修業中のサブ役のショーケン(萩原健一)のアパートに転がり込む海ちゃん役の桃井は同じくヒッピーファッションでおかっぱをカラフルなピンで飾っている。男物のシャツを借りて生足むき出しで「一緒に寝よう」と誘い、ショーケンをドキマギさせる小悪魔ぶりを発揮する。

無職=最先端がぴったりはまった例といえば『俺たちは天使だ!』(79、小川英ほか)第二話「運が良ければ五千万」(柏原寛司・小川英)ゲストのマキシ丈ワンピースの美少女・浅野温子だ。彼女が訪れる、沖雅也、柴田恭兵、神田正輝、渡辺篤史演じる男達で構成された「麻生探偵事務所」はスター揃いすぎて画面全体がピカピカ光っているかのよう。浅野演じる一九歳の社長令嬢は、大学に行っている様子もなくただふらふらと遊び歩いている。実家を飛び出して青山にマンションを借り、愛犬のエサとして今はなき青山アンデルセンでブルーベリーのパンを買う。

サングラスをかけて表参道を闊歩する浅野は当時デビュー三年目。街の空気感とフィットしたずばぬけたスタイリッシュさは『ティファニーで朝食を』のオードリー・ヘプバーンのようだ。

一九八五年に放送された『ふぞろいの林檎たちⅡ』（山田太一）の石原真理子もこの系譜だろう。落ちこぼれの若者たちの悲しみを描き、サザン（・オールスターズ）の名曲「いとしのエリー」の効果もあって、当時熱狂的に支持されたが、今見ると主要メンバー、中井貴一、時任三郎、柳沢慎吾演じる男達のコンプレックスからくる甘えとヒステリーが激しすぎて、私はあやうく体調をくずしかけた。バブル前夜の「落ちこぼれ」が、安定した職も恋人も帰る実家もある上、就業中も友達に会いに行ったり、私用電話をかけまくったりしていることにもギョッとするのだった。彼らと付き合うヒロインを演じるのがそれぞれ石原真理子、手塚理美、中島唱子なのだが、手塚、中島が男たちのワガママとうまく折り合いをつけ粘り腰で立ち位置を確保するのに対して、石原真理子だけはこんな連中と付き合っていられんとばかりに、なんの目的もなく看護師をやめ、たった一人で街に飛び出していく。職を転々とし、その度に騒動を巻き起こすのである。石原の圧倒的美貌とワンレンのロングヘア、アーバンなファッションのせいか、一見ファムファタルそのものな暮らしぶりなのだが、ふとした瞬間、何者かになりたいとあがく彼女の孤独で切実な叫びが胸にせまる。出版社でアルバイトをしながらいつかは『anan』や『non-no』のような職場に、と夢見るが挫折。居酒屋のアルバイトを経てクラブで働き出す。結局セクハラに遭ったり、恋愛感情にからめとられたりして、彼女の自分探しの旅はうやむやになってしまうのだ。

ここまでの成功メソッドや反省点を踏まえた上で生まれたのが、八〇年代ドラマの金字塔『抱きしめたい！』かもしれない。浅野ゆう子は専業主婦役だが家を飛び出し、親友にしてかつての恋のライバル麻子役の浅野温子の部屋に転がり込む。定職がないヒロインの落ち着き先を同性に設定したことで、ワクワク感やときめきが最後まで薄れず、最終回を迎えても二人の冒険はまだまだ続く、という明るい展望を残せたのは大発明だ。さらに画期的なのが、都会の妖精役を得意とする浅野温子ではなく、浅野ゆう子という日に焼けた高身長のゴージャス美人を「転がり込む側」にあてたところだ。大きくて派手なゆう子に無職家なしにつきまとう、切なさや儚さは一切なく、ひたすらにポップで楽しい。以降、この「人の家に転がり込む無職」はほとんどがモデル出身の高身長女優が請け負うことになる。

そして前述の『ロングバケーション』で無職妖精ものは一つの絶頂期を迎える。山口智子演じる売れないモデル南が木村拓哉演じるピアニスト瀬名の部屋に転がり込む。南はサバサバした女性の代名詞ともいわれて、マニッシュなファッションやウルフカットに誰もが憧れた。しかし、今見ると、南が最初から最後まで無職であること、なにか仕事を始めても無責任に放り出してしまうこと、彼女の抱えていた問題は、瀬名の成功と彼に妻として選ばれることによってうやむやになっていることに、驚くのである。南は決して自立したヒロインというわけではなかったのだ。

しかし、『ロンバケ』の成功により、根無し草ヒロインの冒険が恋によって終わりを迎える、という展開はその後も再生産され続けることになる。南の妹分を演じた稲森いずみ主演『ハッピーマニア』（98、楠本ひろみ・梅田みか）は職を転々とするシゲカヨ（稲森いずみ）が藤原紀香演じるフクちゃんの家に転がり込んだりしながら、運命の男を探す物語だ。最終回はちょっとフックがきいていて、やっと結婚が決まったシゲカヨはつまらない、という理由で、フクちゃんとともに式場を飛び出し、オープンカーに飛び乗る。しかし、二人はどうやら王子様を探す旅に繰り出すつもりらしい。南にしてもシゲカヨにしても、続けられそうな職業を見つけて自活するという姿勢は皆無だったのだ。違和感なく楽しめていたのが、二〇〇〇年代に入るとがらりと変わってくる。

はっきりと覚えているのが〇三年放送の月9『いつもふたりで』（相沢友子）と『僕だけのマドンナ』（岡田惠和）だ。前者は作家を夢見る無職の瑞穂（松たか子）が坂口憲二演じる幼馴染のマンションに転がり込んでくる新年スタートの冬ドラマ、後者は無職のするみ（長谷川京子）がタッキー（滝沢秀明）演じる大学生のアパートに転がり込んでくる夏ドラマだ。大学三年を迎え、氷河期に就職活動を始めつつあった私は胸がザラザラしたのを覚えている。『ロンバケ』時代と変わらず無職の女性が将来有望な男性の部屋に転がり込み、両想いになり、いつの間にか居場所ができる（松たか子は作家をあきらめ編集者になるのだが、それこそが一番狭き道ではないだろうか）。なんて私の人生とかけ離れているんだろう……、とぼんやり思ったものだ。翌年就職して忙しくなったせいもあり、私はドラマからいったん離れるのだが、テレビ全体の視聴率がガクッと下がるのはちょうどこの頃なのだ。それでも視聴者のニーズや社会状況を無視し続け、八〇、九〇年代の成功メソッドをなぞった作品はこの後も量産されることになる。

一〇年代も後半に入り、ドラマウォッチャーと呼ばれる人種がほとんどネットに流れた頃、転機が訪れる。そう『逃げるは恥だが役に立つ』の誕生だ。高身長・モデル出身のガッキー（新垣結衣）が無職のヒロインとして、カタブツ役の星野源の部屋に転がり込む。ここまでなら、これまでも繰り返し描かれてきたストーリーだが、ガッキーと星野源は、家事を請け負う社員と雇い主という雇用関係を隠すために偽装結婚をするのだ。無職のヒロインと家主の間に婚姻関係が発生すればすべてはうやむや、ハッピーエンド――。これまでのルールをひっくり返したこのドラマは、金銭が払われない家事労働は不当搾取であるのでは、という問題提起だけでなく、契約関係にある男女がいかにして心を通わせていくのかというスリリングさを含め、そっぽを向いていたドラマファンをいちどきに呼び戻した。問題を可視化し、不安と焦りを知性で乗り越えようとするガッキーは、無職のヒロインが妖精である時代を完全に過去のものにしたのである。そもそも、部屋に転がり込んでくる女の子はセクシーで天然キャラでなければダメだなんて、よくよく考えたら男側にとって都合がいい妄想でしかないのだ。

野木亜紀子×ガッキーの四度目のタッグによる『獣になれない私たち』では、ブラック労働や煮え切らない恋人・京谷（田中圭）に傷つく晶（ガッキー）が視聴者の胃をキリキリ締め上げたが、中でも京谷のマンションから出ていかない無職の元カノを演じた黒木華の存在は強烈だった。もうとうに関係の終わった男の部屋にパラサイトし、恋愛感情はない、いつかは出て行くから気にしないであんたたちはよろしくやってくれ、と繰り返しながらゲーム画面に釘付けで暮らす彼女は、『ロンバケ』の南のもう一つの側面とも言える。努力したくてもできない、社会に居場所がない、心身を壊し自立する道を断たれた女性の寄る辺なさを黒木は繊細に演じてみせた。

おそらくこの役柄を踏まえての抜擢と思われるのが、黒木華主演『凪のお暇』だ。真面目な家電メーカー社員の大島凪（黒木華）がストレスで倒れ職を失い、なにもかもリセットして、節約しながら自分探しをする物語。無職のヒロインが無職であり続け、恋愛によって救われないまったく新しいハッピーエンドだった。魅力的な隣人の男（中村倫也）や元彼（高橋一生）とも心を通わせるが、凪は結局、将来の目標を見据えた就職によって自分で自分を救うのだ。

仕事も住む家も持たない女性がふわふわ楽しく生きているなんていうのは権力側にとって都合のいい幻想で、このご時世、自立の道を断たれた女性は、先の見えない不安や焦りを抱え、この状況をなんとか打開したいと思っている。貧困と差別が複雑に絡むこの問題は、もはや恋愛や結婚では簡単に解決しないのだ。ドラマの五〇年を振り返れば、ヒロインたちが憧れを提示する存在から次第に、視聴者のエネルギーを引っ張り出すような、知恵を授けてくれるキャラクターに移り変わってきたのがわかる。そこには必死で声と居場所を獲得しようともがいてきた、女性たちの戦いの歴史が見えるのだ。

＊

最近はめっきり、無職で都会の妖精のような女性キャラを、ドラマで見ることがなくなった。ジェンダー的なアップデートは喜ばしいが、まったく見ないとなると、あれはまだ景気がよかった頃の幻のような瞬間だった気がして、少し寂しくもなる。

第25話 ドラマの片隅に咲く、シスターフッドの花

ワンクールにつき一つのドラマを取り上げるというコンセプトで始まったこの連載。新型コロナウイルスの感染拡大で二〇二〇年四月スタートの連ドラが軒並み放送が遅れたため、前回初めて休載となった。この原稿を書いているのは七月初旬だが、一番楽しみにしていた『半沢直樹』さえ、まだ放送開始していないという状況である。そんなわけで、ここ三ヶ月はNetflixとAmazonプライムで配信される海外ドラマを見ていたのだが、周りの友人がこぞって絶賛し、LINEやZoomで見ろ見ろとすすめてきた作品といえば、もちろん『愛の不時着』（19～20、パク・ジウン）である。

韓国の財閥令嬢・セリ（ソン・イェジン）がひょんなことからパラグライダーで北朝鮮に不時着、三八度線を舞台に繰り広げられる現地の将校・ジョンヒョク（ヒョンビン）とのラブコメディ……。設定を聞いた時からめちゃくちゃ気になってはいたのだが、日本の侵略史を考えるとこれ、手放しで面白がっていいやつなの？とスタートボタンを押すまでに時間がかかった。しかし、どんな人でも南北統一を願いたくなるような壮大な物語は、「北朝鮮の現状をネタとして消費」からはほど遠かった。

私が心惹かれたのは、脱北者への取材をもとにしたという丁寧な日常風景、そこで暮らす主婦たちの描き方である。中心となるのはリーダーのヨンエ（キム・ジョンナン）、オッチョコチョイなウォルスク（キム・ソニョン）、心優しいミョンスン（チャン・ソヨン）、美容師のオックム（チャ・チョンファ）。いずれも軍人の妻たちで、夫の出世がグループ内の力関係にも作用している。電気もネットもない、お風呂は薪で沸かすしかない舎宅村で、彼女たちは一日のほとんどを家事と育児に追われ、村人のゴシップや、一番身近なアイドルであるジョンヒョク大尉とのささやかな交流を楽しみに生きている。最初は異分子のセリにとまどうが、いつしかセリとジョンヒョクの恋を応援するようになり、友情が芽生える。北朝鮮の生活者のあたりまえの喜怒哀楽がポジティブに表現され、社会的意義さえ感じられるパートだった。

テレビドラマでの「おばさんたち」といえば、我が国ではネガティブな存在として描かれることが今なお多い。放送を楽しみにしてはいるものの『半沢直樹』にしたって、上戸彩演じる半沢の妻は、前シリーズで同じ社宅に住む銀行員の妻たちからいびられ、手作りのおはぎをバカにされ、持ち帰ってやけ食いしている。しかし、製作陣がどんなにイヤーな感じに描こうとしても、どういうわけか、時に主役より目を引いてしまうのが「おばさんたち」の不思議なところ。演じる名バイプレイヤーたちの実力のなせる業だろう。

その最たる例が『白い巨塔』に登場する、医局の妻たちで組織された「くれない会」だ。夫の権力を笠に着たマウント合戦のインパクトは絶大で、ドラマを見た後で原作を読むと、みんなの出番が少ないことに驚かされるほどだ。しかし、教授の座を巡る男たちの攻防があまりにも醜いので、どんなに女同士が睨みあってもどこかコミカルな雰囲気に仕上がっている。緊迫が続くドラマの良いアクセントになっていて、自然と出番が増えたのかもしれない。夫の降格にともない会での地位もどん底になる副会長・東夫人は七八〜七九年・田宮二郎版（鈴木尚之）では東恵美子、〇三〜〇四年・唐沢寿明版（井上由美子）では高畑淳子、一九年・岡田准一版（羽原大介ほか）では高島礼子で、見栄っ張りで浅はか、なのに共感できてしまうキャラをそれぞれ演じきっていた。くれない会の面々が憎めないのは、本人の努力だけでは立場がどうにもならない、妻の哀れさも香るせいかもしれない。

視聴者の反応を見て出番が増えていったであろう好例といえば、二〇〇三年からスタートした『大奥』（浅野妙子・十川誠志ほか）の二〇二四年放送以前のシリーズすべてに出演する、仲良し奥女中トリオ、葛岡（鷲尾真知子）、吉野（山口香緒里）、浦尾（久保田磨希）だ。ゴシップにあけくれ、ごちそうをつまみ食いしては「美味でございます〜」と感嘆する台詞は大人気となり「大奥スリーアミーゴス」とまで呼ばれた。ストーリー内で時代が変わっても、同じキャラクターとして必ず登場する三人組は、運命に翻弄される徳川の女たちを時空を超えて見守る妖精のようでもある。ドラマ氷河期と呼ばれた二〇〇〇年代に燦然と輝く『大奥』が、単なるドロドロ時代劇に終わらなかったのは、この三人の魅力のおかげだ。

視聴者を味方につけ、「おばさんたち」の描写にもっとも大きく貢献した女優といえば、人気シリーズ『家政婦は見た！』（83〜08、柴英三郎ほか）の市原悦子だ。『家政婦のミタ』（11、遊川和彦）、『家政夫のミタゾノ』（16〜23、八津弘幸ほか）、『きょうの猫村さん』（20、ふじきみつ彦）など、後発のドラマに影響を与え続けるいわずとしれた傑作だが、そもそも原作は松本清張の短編「熱い空気」。格差と貧困、使用人を同じ人間として扱わない富裕層の傲慢さ、「インディアンごっこ」に夢中になる子どもがキーパーソンなど、アカデミー賞受賞作『パラサイト』との共通点が異様に多い、ヤダみたっぷりの社会派サスペンスである。

第一作にあたる単発ドラマ『松本清張の熱い空気　家政婦は見た！夫婦の秘密「焦げた」』は、ヒロインの家政婦・河野信子が雇い主を陥れるために極悪非道の限りを尽くし、最後は子どもに火のついた弓矢を耳に打ち込まれる（！）という、私たちが知る『家政婦は見た！』とはまったくの別物だが、不思議なユーモアに溢れている。沢部ひとみ著『いいことだけ考える――市原悦子のことば』によれば、市原悦子はこの役に絶大な愛情と共感を寄せていて、その思い入れが物語を新しいものに作り替えたようだ。大好評でただちに続編が決定するが、いくつかの調整がなされている。第二作『エリート家庭の浮気の秘密　みだれて…』では、石崎秋子と名前を変え、好奇心から雇い主の秘密をかぎまわるけど、きまぐれに正義感を発揮することもあるという善キャラへと生まれ変わった。注目すべきアップデートは、秋子が寝泊まりする家政婦紹介所での、同業者や野村昭子演じる会長とのだんらんシーンが大幅に増えたことだろう。一作目よりもはるかに仲睦まじく家政婦たちと食事し、雇い主たちの秘密をサカナに楽しそうにお菓子をつまんで過ごすシーンは以降、定番となったばかりでなく、回を重ねるごとに、この女性同士の結びつきは強くなっていくのだ。『きょうの猫村さん』でも伝統芸のように引き継がれ、メインキャストの松重豊、石田ひかり、市川実日子は一日の終わりは必ずおしゃべりしながらテレビドラマを楽しんでいる。連帯できる同性の存在こそ、原作の信子になくて『家政婦は見た！』の秋子にあるもので、シリーズが四半世紀も続いた理由ではないか。

フィクションの中では傍に追いやられ、雑に描かれることも多い「おばさんたち」。でも、製作者の意図しないところで、そのエネルギーやシスターフッドが視聴者を元気づけ、人気を博してきた歴史がある。『愛の不時着』のオンニたちを主役にしたようなドラマを、そろそろベテランバイプレイヤーたちを結集させ、日本でも作って欲しいなあと思うのだ。

＊

余談だが、肺に持病があるため、コロナ禍では厳しめの自粛を余儀なくされ、友達にも仕事相手にもずっと会えない日々が続いていた。そんな中、世界中、みんなで同時に見て同時にハマれた『愛の不時着』が存在したことは、私にとってライフラインだった。LINEやZoomで感想合戦していると、距離や自粛の程度の差まで縮まっていくようで、これもドラマの持つ力だと思う。

第26話 ／ 癒し、交流、美味しい料理。女たちにもサードプレイスを

『その女、ジルバ』（21、吉田紀子）での池脇千鶴と江口のりこの再共演にしびれた映画『ジョゼと虎と魚たち』（二〇〇三年公開、犬童一心監督、渡辺あや脚本）ファンは、私だけではあるまい。

四〇歳にして人生に絶望したヒロイン・新《あらた》（池脇）が夜のバイト先として飛び込んだ「BAR OLD JACK & ROSE」には、今は亡き伝説のママ・ジルバ（池脇二役）を慕っていた自称五〇代以上のホステスたち（草笛光子、草村礼子、中田喜子、久本雅美）が待ち受けていた。辛い経験を持ちながらも楽しく生きる先輩たちに励まされるうちに、新の日常はどんどん輝き出す。昼の職場でも、ぶっきらぼうなスミレ（江口）やネガティブなみか（真飛聖《まとぶせい》）との友情を育んでいく。

昔『ジョゼ』を見た友人たちと、足に障害のあるジョゼ（池脇）は恋人の恒夫（妻夫木聡）と別れた後、どう生きるのだろう、とよく語り合ったものだ。私は、ジョゼは女友達をつくる説を熱心に唱えていた。恒夫の力を借りて見たいものを見て、世界が広がったジョゼ。しかし、まだ同性の友人というものだけは得ていない。映画の前半に少しだけ登場した、江口のりこ（当時は江口徳子）演じる恒夫のセックスフレンドのような、ひょうひょうとした女の子、あんなタ

イプがジョゼの相棒に合うのではないかなあ……、と話した記憶がある。しかし、池脇と江口は、映画の中ではとうとう出会うことはなかった。

あれから一八年。二人が地上波ドラマで親友同士を演じていることは私にとって感慨深い。制作陣は『ジョゼ』を意識しているのかな、と思わせる箇所も多々ある。まず、新の住む賃貸の平屋は、ジョゼが祖母と住む家を彷彿とさせる。さらに、スミレが初めて「BAR OLD JACK & ROSE」を訪れた時「うまいなあ！」と感嘆したおつまみ、これはジョゼが恒夫に初めて振る舞う朝食メニューと同じ卵焼きなのだ（新が作ったものであるかは描写されていない）。くじらママ（草笛）によれば「BAR OLD JACK & ROSE」は「おふくろの味」をウリにしている。両親の顔さえ知らず、昼食もバナナで済ませているスミレは、まさにそんな料理に飢えていたのだろう。

手塚治虫文化賞を受賞した有間しのぶの原作漫画に詳しく描かれているのだが、「BAR OLD JACK & ROSE」は時代に合わせてその都度、営業形態を変えて生き残ってきた店だ。表向きはバーとして営業しているが、客のニーズに合わせてダンスホールにもナイトクラブにもスナックにもなる。その柔軟さがもっとも顕著に表れているのがフードメニューだろう。一話目の突き出しはお酒に合うように味を濃くしたきんぴら。ご飯が欲しいと訴えた客には、新は急いでお米を炊いておむすびを出している。パーティーになるとコシーニャ、ムケッカなど、ジルバママのルーツでもあるブラジル料理が振る舞われている。

もともとは働く男たちの社交場として始まった「夜の店」。しかし、テレビドラマの世界では、ある時期から、女たちにとってもくつろげる空間としてフォーカスされるようになった。そこに大きな役割を果たしているのがママの人柄、そして美味しそうな料理である。

記憶に新しいのは『凪のお暇』の「スナックバブル」。こちらも店のママ（武田真治）が人生のアドバイスをしてくれるばかりではなく、求められればチョコレートパフェも作ってくれる。客層も女性が断然多く、お年寄りも小学生も集えるアットホームな雰囲気。おかげで、ボーイとして働く凪（黒木華）も自己開示するスキルを身につけていく。

子どもも女性も出入りできる、いい意味でゆるい「夜の店」を最初にドラマで見たのは、『ビーチボーイズ』で春子（稲森いずみ）が経営する「スナック渚」かもしれない。もちろん、稲森目当ての男性客もいるにはいるが、高校生役の広末涼子がふらりと悩み相談に来たかと思えば、常連客役のはずの反町隆史がごく普通に厨房に出入りしていて、夕食だけ食べに来る客もいる。この居心地の良さは、キャミソール姿になってもセクシーすぎない、モデル出身の稲森の醸し出すスタイリッシュさと店のいなたい雰囲気の絶妙なバランスからくるものだ。

最近だと『家売るオンナ』（16、大石静）で、同じくモデル出身の臼田あさ美演じるママが切り盛りするバー「ちちんぷいぷい」がこれにあてはまる。ママは亡き母親から受け継いだ服やアクセサリーを身につけているけれど、奥ゆかしいというよりは、やはりファッショナブルな雰囲気。不動産業者の男たちを癒す店であると同時に、白州（イモトアヤコ）や万智（北川景子）も出入りできる風通しの良さがある。「ちちんぷいぷい」の象徴というべきメニューが、臼田が作るベチャッとした焼きそばで、あまり美味しくはないところが常連客たちの心をつかんで離さないのだ。

女性人気の高い演者がカウンターに立つと、ぐっとフレッシュになることを証明した例といえば、精神科医役の唐沢寿明と患者役の葉月里緒菜の恋を描いた『イヴ』(97、金子ありさ)の「居酒屋ひばり」だろう。なにしろ、経営者は相島一之と山田花子が演じる仲良し夫婦。従業員は役名もそのままPUFFYの亜美と由美なのだ。当時人気絶頂の女芸人と歌手は、いちげんには近づきにくい薄汚れた老舗居酒屋を一気に親しみやすくした。PUFFYの力の抜けたボンヤリした接客、相島と山田が作る大皿家庭料理が、孤独な登場人物たちの心を見事に癒したのである。

大皿料理といえば『最後のオンナ』(20)でママ役の藤山直美の経営するスナック「ビーナス」のカウンターにずらりと並んだお惣菜は圧巻だった。肉じゃが、ひじき、南蛮漬け……。あまりの美味しさに会社社長役の岸部一徳が通いつめ、藤山に恋してしまうのはもちろん、心配した岸部の娘役の深津絵里が差し向けた、婿役の香川照之まで入り浸ってしまう始末。あけっぴろげで温かな藤山を目当てに集まるのは男性ばかりではない。ダメ夫に泣かされている役の岸本加世子も彼女を「おかあさん」と呼んで慕っている。藤山直美と岸部一徳の恋を描いたイイ話と思ったら、なんと最後の最後でどんでん返しが用意されている。実は女たちの水面下での連帯を描いた『ミッション・インポッシブル』だったことがわかるラストは感動的だった。脚本は『ジルバ』と同じ吉田紀子である。

男たちはバーやスナックで仕事の疲れを癒し、店のママに甘えて少年に返り、普段は接点があまりないような常連客と垣根なく交流することで活力を取り戻してきた。でも、「癒し」も「家庭の味」も「連帯」も男だけが独占していいものではない。『ジルバ』は女たちにもそんなサードプレイスが必要なこと、そしてどんな年齢になっても息を吹き返す場さえ得たら、何度だってやり直せることを力強く訴えた、ドラマ史に残る傑作である。

＊

『ジルバ』は本当に本当にいいドラマなのだが、一つだけ、ベテランホステス達があまりにもオシャレでキラキラ輝いている違和感だけは残っている。原作だと、もっと庶民的なスナックでそこまでメンバーの美は強調されていないのだ。シスターフッドドラマに高齢者が活躍するようになったのはいい傾向だが、池脇千鶴の役作りがまさにそうであったように、すぐそばにいそうな等身大のスタイリングをすることも、課題になっていくように思う。

第27話

今を楽しみ、同意を交わす。〝昔の男〟たちとの理想郷

火曜二一時『大豆田とわ子と三人の元夫（大豆田とわ子）』（21、坂元裕二）は、脚本も音楽も役者もどこをとっても、今期（二〇二一年四月クール）一番贅沢なドラマだ。住宅建設会社社長のとわ子（松たか子）と今なお生活圏内にいるｅｘ＝元夫たち（松田龍平、角田晃広、岡田将生）との関係は、切なさも漂うものの、居心地が良さそう。とわ子自身にヨリを戻す気がまったくないせいもあるが、元夫三人とも復縁を無理強いするような性格ではない。全員の動きをいつも静観している娘（豊嶋花）や親友（市川実日子／このキャラが好きすぎ、この後急死してしまうのがあまりにもショックで視聴を断念したほど）など同性たちとの関係も良好で、全体的に湿度が低い。また、元夫それぞれに新しい恋の予感がないでもないため、共依存関係にも陥っていない。お互いを適度な距離感で気にかけていて、ライフスタイルや食べ物の好みも把握、なにかあった時は慰めあえる。四人のゆるゆるした大人の関係性はある意味、理想郷にも見える。こんな風通しの良いコメディ、今から二八年前には考えられなかった。

そう、あの頃、ｅｘとの再会はホラーとして描かれていたのだ。新婚早々、同じマンションの同じ階に、自分をフッた元恋人が住んでいるだけでも相当イヤなのに、それがあの佐野史郎

であるという全人類にとって最悪の恐怖を描いた『誰にも言えない』が最高視聴率三三・七パーセントを叩き出していたあの時代である。松任谷由実の名曲「真夏の夜の夢」が流れる中、マンションの敷地を逃げ惑うヒロイン役の賀来千香子の背中を執拗に追いかけるオープニングだけでも、トラウマ級のおぞましさだ。佐野史郎演じる麻利夫さんの、一方的に恋人を捨てておきながら、どういうわけか異様な執着をみせる様子は、当時まだその概念を知られていなかったストーカーそのものだ。平和だった新婚夫婦の日常は阿鼻叫喚の地獄絵と化し、関係ないマンションの住民まで迷惑をかぶる。個人的には前作的位置づけの『ずっとあなたが好きだった』で同じく佐野が怪演した冬彦さんより麻利夫さんの方が百倍怖い。どっちもイヤだが、麻利夫さんは過去を美化していて、目の前の相手をまったく見ていないため、対話が成立せず、なによりも性暴力加害者だ。ｅｘとの突然の再会といえば、ド修羅場がつきものな時代はまだまだ続く。

二〇〇一年の『昔の男』では、藤原紀香演じるあかりが大沢たかお演じる元彼と再会し、気持ちに火がつくものの、それぞれの今のパートナーがそれを許すはずもなく、周囲を巻き込んで全員どん底、やっぱり地獄絵⁉︎　大沢たかおの妻役の富田靖子が赤ずきんコスプレで紀香のマンションに襲撃する場面など本当に恐ろしかった。もちろん、そこは内館牧子脚本なので、ハッピーエンドとなるが、どうしても気になるのが国内ドラマ特有のこのコミュニケーション能力の乏しさだ。彼らはその時、絶対に言わなければならないことを、なぜか後回しにしてしまう。もちろん、気遣いゆえだったりするのだが結果、関係ない人まで傷つけていく。解決したのも、富田靖子の方が折れて、たかおの背中を押してくれたからにすぎない。それもこれも、主人公カップルが、思い出を大切にするあまり、目の前の生活や人間関係をないがしろにしがちなせいだからではないか。

しかし、同じ年の夏クールに放送された『非婚家族』（高橋留美・池田晴海）は、周囲を不幸にしないｅｘが登場し、めっぽう新鮮だった。演じるのは真田広之。傲慢な性格が災いし、リストラされてしまうばかりではなく、二番目の妻（米倉涼子）に家出される。家事も育児もできないので幼い子どもを抱えて元妻（鈴木京香）のマンションに転がり込む。どん底状態を味わった元エリートが、次第に生きるとはなにか、人と関わるとはどういうことかを学び始め、最終的には家事育児ばかりではなく介護もこなせる善人に変貌。どちらの元妻とも復縁せず、彼女たちの幸せを願って黒子に徹して送り出すというところなど、大変いい。しかし、真田が真人間になるまでの京香の献身っぷりを思うと、いやいや、本当にフェアなのかな、という気がしないでもない。男が昔の恋人ないし妻に再会することで、人間的成長を遂げるという現象がこの後、ドラマで多く見られるようになる。

二〇〇三年の『元カレ』（小松江里子）は、主人公役の堂本剛、元カノ役の広末涼子、今カノ役の内山理名という当時最高にフレッシュなキャストによる、デパートを舞台にした爽やかな新卒ドラマだった……が、二人の女性の間で揺れ動く、優柔不断な堂本剛にイライラした記憶がある。彼は決断を伸ばしに伸ばしたあげく、ラスト直前に彼の本心に気付いた内山理名の方から、広末に向かって背中を押してもらうまで、本音を言わないのである。余談だが、ちょうどこの頃、登場人物たち同様に就職した私は、テレビからしばらく離れることになるのだが、慣れない生活で忙しかったというよりも、こういったコミュニケーション不全が仕方がないこととして放置される日本ドラマに、嫌気がさしたからかもしれない。「優しさ」という印籠を掲げて、言うべきことをなぜか言わない、他人の時間を平気で奪う、結果全員を傷つける——。不器用といえば聞こえはいいが、ひょっとして、麻利夫さんのサイコっぷりとどこか似てはいないだろうか。

しかし、約二〇年の間に日本のドラマは進歩を遂げた。二〇一九年に放送された『モトカレマニア』(坪田文)もテーマは今まであげたものと共通しているが、ヒロイン(新木優子)は主体的でなおかつ雄弁だ。昔の恋人(高良健吾)が異様に輝いて見えるという悩みを抱えているものの、そんな自分を客観視してもいて、相手に本音を伝えることをあきらめない。同性との連帯も素晴らしかったのだが、原作漫画にあったフェミニズム要素はやや薄まっている。

『大豆田とわ子』がexドラマとして画期的なのは「生活」と「同意」の描き方ではないだろうか。これまでのexものは、恋をしていた過去は孤独な今より素晴らしい、が大前提だった。ゆえに登場人物が目の前の生活を一人でエンジョイする描写は薄かった。『大豆田とわ子』では登場人物全員が毎回過去を振り返ってはいるものの、それぞれが現在の生活を慈しんでいる様子がパンダアイテム、ビニール傘、コロッケ、網戸などの小道具によく表れている。そして、男女に限らず、二人の人間がなにか始める時には必ず「同意」が交わされている。喋りすぎるくらい喋る登場人物たちは「優しさ」や「不器用」にも絶対逃げない。言うべきことを全力で相手に伝える。壁ドンも突然のキスも心ときめくサプライズもない、日常描写過多なお喋りラブコメがこんなに楽だなんて私は初めて知った。大豆田とわ子が魅力的なのは、元夫たちと親しくしながらも、コミュニケーションに前向きで、いつも暮らしを楽しみ、過去より未来を見据えているからかもしれない。

*

市川実日子が物語の中で突然、亡くなってしまい、その後、見るのを断念していたが、最近製作者サイドから話を聞いて、私のこのドラマへの考えも変わりつつある。ちなみに、断念したにも関わらず、エンディングの松たか子と元夫たちとのラップのうち「Presence Ⅲ feat. BIM, 岡田将生」をカラオケで歌い続けている。

第28話／〝ヒロインが冴えない〟設定に見る、ラブコメルールの進化と今後

『彼女はキレイだった（かのキレ）』（21、清水友佳子・三浦希紗）は昔はみんなの憧れのまとだったが、今ではすっかり冴えなくなったヒロインを小芝風花が好演したラブコメだ。本家の韓国ドラマに忠実にふわふわヘアーにしてはいるが、髪型ふくめ冴えない要素はとくに見当たらない。しかし、小芝は実写版『魔女の宅急便』を受けて立った演技力で「この人は冴えないってことになってんだなあ」と視聴者に呑み込ませることに成功している。常にテンパっていて、人から舐められそうな律儀さを醸し出しているのだ。五話では髪はストレートに、メイクやファッションも「大変身」を遂げた。単に「CANMAKE」の小芝風花に戻っただけであるが、成長していく内面描写を丁寧に積み重ねていたので、視聴者も素直に拍手を送るだろう。あと、特筆すべきは「ダサい」とからかわれるものの、容姿そのものに関する言及は巧妙に避けられている。残念なのはあくまでも「センスがない」という理由付けがされているところに時代性を感じる。

この潮流は『プラダを着た悪魔（プラダ）』（二〇〇六年公開）からか。香里奈演じるヒロインが変身を遂げる日本版『プラダ』こと連ドラ版『リアル・クローズ』（09、大島里美）でも、上司役

の黒木瞳が批判したのは彼女の容姿ではなくセンスである。『かのキレ』の舞台もまた、センスが重要視されるファッション誌編集部だ。

今回は「冴えないということになっている」設定の歴史を振り返ってみたいと思うが、オードリー・ヘプバーンぬきに語れないだろう。シンデレラストーリーを得意とするオードリーは最初「冴えない」女子として登場することが多い。もちろん地味といわれる服装さえスタイリッシュに着こなしているのだが、観客はスクリーンの世界を楽しみたいので「このオードリーは冴えないということになっているんだなあ」と呑み込んできた。しかし、映画が唯一の娯楽ではなくなるにつれ、製作陣のリアリティへの甘えがちょっとでも見えるなり、観客はそっぽを向くようになった。近年のハリウッドでは様々な人種、容姿、体型、年齢の俳優を積極的に主役にし、社会問題にも向き合いながら、ラブコメルールを日々アップデートし続けている。

しかし、見る目が養われつつあるのは、日本ドラマの視聴者だって同じなのだ。なにしろ、『ひと夏のプロポーズ』(96、鈴木貴子)の頃は、あの坂井真紀が「ブ○」と罵倒されていたのだから。記号的な「冴えないとされるアイテム」(九〇年代は国内外問わずメガネが主流)を身につけているわけでさえなかった。確か、視聴者からも「坂井真紀を冴えないとするには無理がある」という声が多かったと記憶している。そんな無茶を成立させるために、本ドラマが使用したのは、突然の夏の土砂降りである。坂井真紀がずぶ濡れでしょんぼり歩いている場面は印象的だった。いつからか、残念キャラには転倒とずぶ濡れがセットになった。「ブ○」という罵倒がドラマで多用される時代はその後、長いこと続く。

なにしろあの『ブスの瞳に恋してる』が流行ったのは○年代である。森三中の大島美幸との出会いや結婚生活を夫・鈴木おさむが描いたこのエッセイは大人気で、同じく森三中の村上知子、稲垣吾郎というキャストでドラマ化されたほどだ（06、マギー）。村上知子演じる「美幸」は努力家で魅力もあるが、ルッキズムにとらわれた人々から貶められる。そんな彼女に手を差し伸べる稲垣吾郎演じる「おさむ」をまるで王子様のように描くのに、激しい違和感があった。あれは鈴木おさむの中での自分像なのか？　妻へのひどい扱いを「世間はそういうもの」としていったん消化してエンタメ化し、自分に一番良いポジションを与えたあたり、森三中ファンとしては怒りを覚える。にもかかわらず、最後まで見てしまったのは美幸の背中を押す役の室井滋など女性たちとの関係が素晴らしいのと、倖田來未「恋のつぼみ」がめちゃくちゃ好きやったからである。悔しいことに、リメイク版『ブスの瞳に恋してる２０１９』（鈴木おさむ）まで配信されている。こっちはミソジニー（女性嫌悪）までひどい。怒りながらまたもや最後まで見てしまったのは美幸役の富田望生《みう》の名演技と、Dream Amiがカバーした「恋のつぼみ」もめちゃくちゃ名曲やったからである。鈴木おさむ、どこまでも女性に救われているな。このように「冴えないということになっている」設定はルッキズムと直結することが多い。

しかし、ベッキー主演金曜ナイトドラマ『アンナさんのおまめ』（高山直也ほか）だけは一風変わったやり方でこれを切り抜けている。奇しくも『ブス恋』無印と同じ二〇〇六年放送だ。美人のアンナさんへの誘いや羨望をすべて自分に向けられたものとする親友・リリの勘違いを描いた、鈴木由美子の漫画原作のコメディである。リリに浴びせられる「勘違い〇ス」にひっかかりは感じるものの、そこは鈴木由美子の世界観で、リリは漫画にしかできない方法でキュートでファニーな小動物のように表現されているし、アンナとリリの男たちからの分断をはね返すシスターフッドは痛快だった。だから、リリ役があのベッキーと聞いた時、不安しかなかった。ベッキーといえば太陽のような魅力の持ち主で、当時は演技畑ではなかった。リリの役はただでさえ難しい。「冴えないということになっている」容姿ではあるが、彼女自身は自分を「冴えないとは思っていない」。リリはいつも自信満々で完璧なおしゃれをしている。一体どんな風にして映像化するのか、固唾を飲んで見守ったのだが、ベッキーはやってくれた！　漫画チックなくねくねした動きとオーバーな顔芸で周りをドン引かせ、アンナ役の杏さゆりが男に口説かれる度に、ものすごい早さで割って入って「アンタは私のタイプじゃないからァ！」と肩をそびやかしてつっぱねる。異性全員が自分に好意があると勝手に悩み、一人でブツブツつぶやき、激しくもだえる。「冴えないということになっている」人間が自信満々だからイタくて面白い、というより、単に「ぶっとびすぎていて常人には理解できない」愉快な女性像を生み出した。原作の根幹を変えることなく、親友との信頼関係、勘違いからくる笑いまですべて成功に導いた。しかし、このドラマの視聴率は深夜帯ということもあってか振るわなかった。私は今こそベッキーの振り切れた演技を地上波でもっと見たい。

ラブコメにつきものの「冴えないということになっている」設定、振り返れば少しずつ進化してきたことはわかるが、容姿差別が論外なのはもちろんのこと、センスが悪かろうが、そもそも冴えなかろうが、周囲に不当に貶められない世界が描かれればそれが最高だ。自信を身につけた瞬間、ヒロインはパワーを持つ。私たちが見たいのは結局のところ、その輝きだけなのだから。

＊

その後、ヒロインが冴えない設定は最近とんと見かけなくなった。ルッキズムからドラマが解放されるのは良い傾向だが、垢抜け大変身場面が好きな私としてはちょっとだけ寂しい。そんな時、ドラマイズム『明日、私は誰かのカノジョ』(22、三浦希紗ほか)に珍しく「冴えないヒロイン」の変身場面が登場するが、カタルシスがある反面、決してポジティブで明るいこととして描かれておらず、万人受けするフェミニンファッションを覚えたことで状況が悪い風に転がっていくのを見て、なんという新しいチャレンジだろうと感じ入った。

第29話

日本ドラマは、なぜこれほど“変わり者の天才”が好きなのか？

なぜこれをコロナ禍の今（二〇二一年）やろうと思ったのか、と毎回思わずにはいられない、日曜劇場『日本沈没―希望のひと―』（橋本裕志）。この原稿を書くために、小松左京の原作（一九七三年刊行）を読み、同年製作された最初の映画版（二度目は二〇〇六年草彅剛主演）も見たのだが、いずれも高度成長期でノリノリの日本だからこそ受け入れられた警鐘とカタストロフィの物語だ。さらに名作であることは名作なのだが、マッチョな男性主義のエンタメで女＝セックスの相手or子を産み育てる存在という扱いなので、令和のジェンダー観にふさわしいかも疑問である。もちろん、舞台は今から二年後、主演の小栗旬演じる若手環境省官僚をはじめ原作にいないオリジナルキャラクターを揃え、沈没の原因には架空の環境計画を用意し、まずは関東圏が沈むところから始まり、杏や中村アンなどが演じる女性キャラにも重要なポジションを与えて、日本がどう終わるのか、ではなく、どう人命を救うか……とありとあらゆる細かい調整を加えている。なんとかして原作の禍々しさを削り、「希望」を際立たせようとしているのはわかるけれど、こんな苦労してまでなぜ今、この話？

そんな中、原作ママのキャラクターである香川照之演じる日本地球物理学界の異端児・田所雄介博士が毎回大騒ぎをしていて、話題になっている。旧映画版の小林桂樹が演じたヒーロー然としていて渋い田所博士と比較すると、だいぶコミカルというか、インチキ呼ばわりされてもまあ仕方がない『バック・トゥ・ザ・フューチャー』のドクっぽい軽妙さをまとっている。原作の決してかっこ良くはなく、平気であやしげな組織と手を組む、研究以外は適当な子どもっぽい博士に近いのは小林田所ではなく香川田所の方ではないか、と個人的には思う。なにより、この内容で、田所が重厚で周囲の尊敬を集めるような感じだと、正直毎週見るのはキツい気が……。

それにしても、日本のドラマはなんでこんなに突出した能力を持つ変人が好きなんだろうか？今期（一〇月期）の『二月の勝者―絶対合格の教室―』（成瀬活雄）の柳楽優弥も風変わりだが優秀な塾講師を演じている。ある時期から、日本のドラマには「変人の天才」が周囲を振り回しながら大活躍という内容が劇的に増えた。ついこの間、ノーベル賞を受賞した米国籍の真鍋淑郎《しゅくろう》さんが日本に戻りたくない理由として「周囲に同調して生きる能力がないからです」と語るくらい、日本人は突出した能力を持つ異端者を排斥しているはずなのに、どういうわけかエンタメの中であれば大歓迎なのである。しかし、そういった「変人もの」が人気を博すにはいくつかの条件がある。例えば、白衣とメガネがトレードマークの天才教授役の福山雅治が柴咲コウや吉高由里子演じる刑事を振り回しながら名推理を繰り広げる『ガリレオ』（07・13、福田靖ほか）が一番顕著なのだが、「スタイリッシュさ」と「主人公をまぶしげに見つめる若い女性の助手」

の二つが必須なのだ。二〇〇〇年以降の木村拓哉主演のヒット作はほぼこの特徴を備えているかもしれない。女性が変人役というと、こちらは『家政婦のミタ』『女王の教室』『家売るオンナ』のような、隙のない身だしなみにクールビューティー、感情をまったく表さないロボットのような演技がデフォルトだった。

そんな中で、やはり印象深いのは仲間由紀恵&阿部寛『TRICK』（00、蒔田光治・林誠人）だろう。なにしろ、男女コンビなのにどちらも変人であり力関係は対等、恋愛に発展せず、年長の阿部寛がどちらかといえば助手役だったのだ。売れないマジシャンで笑い方が独特、すっとんきょうな言動で周囲に邪険にされる山田役の仲間由紀恵は一度見たら忘れられない魅力があり、彼女自身、どんな役柄よりも生き生きと演じていたような気がする。さびれた農村を舞台に繰り広げられる事件もユーモラスでありながらどこかおどろおどろしく、新鮮だった。演出・監督の堤幸彦はこんな風に女性スターに血の通った変人を演じさせることに長けている。

『ケイゾク』（99、西荻弓絵・清水東）の風呂にも入ることを面倒くさがる柴田役の中谷美紀も、同じ世界観で描かれる『SPEC〜警視庁公安部公安第五課 未詳事件特別対策係事件簿〜』（10、西荻弓絵）の餃子大好きでおおざっぱな当麻役の戸田恵梨香もそれぞれ素晴らしかった。いずれも、クールというよりはどんくさい、綺麗というよりは汚い、生身のリアルな人物像で、このまま女性の変人ドラマを作り続けて欲しい、と私は願ったが、ある作品を最後に、堤幸彦はこうした物語を手がけなくなる。そう、大島優子が主演を務めた『ヤメゴク〜ヤクザやめて頂きます～』（15、櫻井武晴）である。

舞台は警察内に実在する、暴力団の足抜け支援対策部。「ヤクザをやめさせる」エキスパートの敏腕刑事「麦秋《ばくしゅう》」は今思い出しても、相当キテレツだった。暗い過去が原因でほとんど笑わず、武術の達人で、バサバサの鬼太郎ヘアに大きめの喪服を愛用し、麩《ふ》菓子が主食。当時AKB48を卒業したばかり、連続ドラマ初主演だった大島優子は相当な熱意でこの役に取り組んでいたと記憶している。なんと番宣のバラエティ番組にさえ、麦秋のヘアメイクでにこりともせず登場し、役柄を貫き通して、視聴者をびっくりさせたほどだ。極道をかっこ良いものとして描かないという制作陣の志は高く、大島優子も頑張ったのだが、初めての主演としてはあまりにもクセが強い役柄だったのだろう。数字は振るわなかった。「あまりにも変」「身なりはキテレツ」がダメのルールがこの辺りから、うっすら広がったような気がする。最近の「好かれる変人」の傾向としては高橋一生や井浦新の役どころだろうか。いずれもこだわりが強く不器用で有能な人物を多く演じているがどちらかといえば周囲の背中を押してくれる愛すべき存在で小綺麗でスマートな印象だ。

さて今回、日本人が大好きな王道の変人天才をクセ強めで演じている香川照之。若い女性キャラを助手とせず（主役の小栗旬がこの役割なのが面白い）、古びたジャケット姿にドタバタした言動がまったくスタイリッシュではないので、私は好意的に見るが、やっぱりこの手の「綺麗じゃない」変人は男性俳優でないと受け入れられないのか、という一抹の寂しさはある。奇しくも大島優子はＡＫＢ卒業当時、目標とする俳優に香川照之の名をあげ、いつか共演することを夢としている。着実に経験を積み、確かな演技力を身につけつつある今の大島優子なら、あんなにも力むことはなかっただろう。私としてはやっぱりもう一度、大島優子に麦秋を演じて欲しい。その時は香川照之がヤクザ役としてゲスト出演してもらい、その夢を叶えたい。そして、堤幸彦に再び女の変人シリーズを再開して欲しいと心から願っているのである。

＊

優子の目標の俳優はもう変わっているだろうか。きっと優子も報道を受けて悲しい思いをしただろう。

第5章

その先へ！

二〇二二〜二〇二四年

第30話

恋バナや悲劇から解放されたサステナブルな母娘ドラマ誕生！

『真夜中にハロー！』（22、大歳倫弘ほか）はこれまで見たことがない種類のドラマだ。毎回ハロー！プロジェクトの現役メンバーが出演し、ゲストハウスに訪れる宿泊客たちを励まし歌い踊る、異色のストーリーだけではない。舞台となる「サンプラザ朝沼」を経営する熱狂的なハロヲタのマリコ（菊池桃子）としっかり者の娘・ミサキ（大原優乃）の間でかわされるやりとりが、これまで見た日本の母娘ドラマのどれにも当てはまらないのである。

ハロー！プロジェクトはサブスクリプションを解禁していないので、マリコはたくさんのCDを所有していて、宿泊客たちに向けて布教トークを繰り広げるのだが、非ハロヲタにとっては、なにを言っているのかほとんどわからないだろう。ミサキはハロプロが嫌いという風ではないが（このあと、ある秘密が明かされる）、母のヲタクぶりのせいで、口コミの星の数が減ることを気にしている。四話目まで見たところ、ミサキが家事を担っている描写が多いが、母娘はテイクアウトを利用し、食事を簡単に済ませることが多い。マリコの布教が功を奏し、毎回ゲストたちと最終的に打ち解けるせいか、経営難に陥ることはなさそうだ。

シングルの母とその娘のドラマはベテランとフレッシュな若手俳優がタッグを組むことにな

っていて、後者が相当鍛えられるせいか、スターになっていくことが多く、新人の登竜門的なジャンルだ。とりわけ、一九九〇~二〇〇〇年代のドラマ界で、パートナーを持たずに仕事・育児する女性の社会的孤立がクローズアップされることはあまりなく、単にキラキラと先進的な存在としてとらえられたせいか、姉妹みたいな母娘ドラマは花盛りだった。そのほとんどが、

①会話は母と娘、それぞれの恋愛に関すること。母が恋愛指南役を担うことが多い。

②しっかり者の娘が母親のケアを担う。

③後半にいくにつれて、日常よりもドラマチックな展開に比重が置かれ、二人きりの場面は減る。

のいずれかのパターンをなぞっていた。

例えば、ともさかりえが一躍脚光を浴びた『素晴らしきかな人生』(93、野沢尚)は、母を演じた浅野温子とのリノベした古民家でのライフスタイルが当時新しかったのはもちろん、離婚した父役の佐藤浩市との距離感もファンタジー的な心地よさがあった。このままずっと見ていたい理想の日常だったはずが担任教師役の織田裕二が現れ、浅野に猛アタックを開始したあたりから物語はストーカー、自殺、病と急転直下のジェットコースター。ともさかりえは一七歳で結婚してしまい、蜜月はあっという間に終わりを迎える。

『終らない夏』(95、梅田みか)は八ヶ岳を舞台にした、秋吉久美子演じる画家の母・薫と瀬戸朝香演じる向日葵のクラシックな少女漫画のような暮らしぶりと「薫」「向日葵」と名前で呼び

合う関係が印象的だった。町役場に勤める向日葵は家事を担い、自由人の薫を支え、母娘それぞれの恋が描かれていく。こちらも緑と日差しに満ちた日常をずっと見ていたかったのだが、薫の突然死により、向日葵の少女時代は終わりを迎える。

二〇〇〇年に放送された『イマジン』（江頭美智留）は槇村さとるの人気コミックが原作。建築家の美津子（黒木瞳）と不動産会社に勤める家事担当の有羽（深田恭子）の母娘はリッチで都会的。ハイブランドとグルメに満ちた日常を楽しく見ていたのだが、それぞれの恋愛が成就すると、当然のように別れがやってくる。ちなみにここであげたドラマはいずれもソフト化されておらず、『終らない夏』と『イマジン』に至っては、配信さえされていない。仲良し母娘ドラマは日本で過小評価されているのではないか？

最近だと『義母と娘のブルース』（18、森下佳子）が好評だったが、あちらは義母（綾瀬はるか）が懸命に努力して理想の母に「なっていく」物語で、恋愛に興味がない娘に男女交際を促す描写に賛否両論あった『ウチの娘は、彼氏が出来ない!!』（21、北川悦吏子）の方が王道かもしれない。家事に重きを置かず、食事は近所で鯛焼き屋を営むゴンちゃん（沢村一樹）に作らせるところが良いし、菅野美穂と浜辺美波の「姉妹のような母娘」ぶりは過去最大に姉妹っぽかった。なにより二人に別れが訪れないのが新しいと私は思った。

こうした歴史を振り返っていくと『真夜中にハロー！』はやはり特異なドラマだ。ハロー！プロジェクトのプロモーション目的のせいもあるのだが、試練に遭うのはゲストで、マリコとミサキはロマンチックラブイデオロギーからも悲劇からも自由。好きなことを話しながら、気楽に日々を過ごしていく。個人的にはアメリカドラマ『ギルモア・ガールズ』(エイミー・シャーマン＝パラディーノほか)に一番近づいた日本ドラマではないかと思っている。

同ドラマは二〇〇〇年から二〇〇七年まで7シーズンも放送、二〇一六年にはNetflixで続編の『ギルモア・ガールズ：イヤー・イン・ライフ』も配信されたほどの国民的人気を誇っていた。一六歳で出産したローレライ(ローレン・グレアム)と娘のローリー(アレクシス・ブレデル)の暮らしは、架空の町スターズ・ホローの特殊な環境もあって安全かつ文化的。二人は料理をまったくせず、近所のカフェで食事するか宅配ピザなどで済ませ、その分、キャリアや学業に力を注いでいる。それぞれの恋愛や挫折も描かれるが、圧倒的に日常描写が多く、二人はくつろいだ様子でほぼずっと自宅で喋っている。その内容は噂話から文学、音楽、映画、ポップカルチャー、政治、社会情勢に至るまで幅広く、情報量ぎっしりだ。こちら側はまったくわからない時も多々あるのだが、その置いていかれる感じに不思議な快感がある。というとさぞ、ハイセンスで尖ったドラマかと思いきや、長寿番組『ギルモア・ガールズ』はまるでインフラのようにいつでもそこにある、いい意味で「見てもいいし見逃してもいい」ホームドラマなのだ。日本だと『渡る世間は鬼ばかり』の愛され方に近いと個人的に思っている。スターズ・ホローの四季おりおりの行事、ローレライの堅苦しい実家、母娘を取り巻く人々もそれぞれはっきりした個性を持っていて、視聴を続けるうちに「この季節になるとなにが起きるか」「次にあのひとがなにをやるか」だいたい予想がつくようになってくる。五月（泉ピン子）があぁ言えば、幸楽ではこうなる、おかくらではこうなる、と明確な場面が思い浮かぶ感じに近い。マンネリというにはあまりにも偉大な、いちげんさんも古参も楽しめる、サステナブルなフォーマット。『真夜中にハロー!』はおそらくいろいろな偶然が重なり、それが適応可能となった日本初の母娘ドラマだ。

私としては、このまま同じテレ東の『孤独のグルメ』（12〜、田口佳宏ほか）のようにシーズンを重ね、ハロー!プロジェクトとともに年月を経て欲しいと思っている。マリコの視聴者置いてきぼりのハロ語りからは、これまで日本ドラマで求められてきた母親の役割をぶち壊してくれる、精神的豊かさと命のほとばしりを感じるのだ。

＊

最終回、それでもやっぱり別れはやってきてしまったのだが、二人の前向きなハッピーエンドととらえたいし、また続きを見たいと切に願っている。

第31話

／ SNS時代でも存在感を放つ、〝手作りスクラップブック〟の行方

『メンタル強め美女白川さん』（22、狗飼恭子・下田悠子ほか）はセルフケアの物語だ。悩める同性の同僚たち（秋元才加、野呂佳代、東野絢香らがいずれも好演）に自己肯定と心身のメンテナンス法を伝授していく白川さん（井桁弘恵）。この同僚たちが受けるストレスの正体というのが、ほかの社員からのハラスメントがほとんどである。しかし、「女性たちはこれ以上頑張らなくていい。彼女たちを苦しめる社会の方が腐っている！」と歯ぎしりするタイプの私でさえ毎回、お白湯を飲んだような気持ちになるくらいだから、一見スウィートな白川さんが掲げる「第一に己を愛せよ。話はそれからだ」という哲学は本物だ。そんな彼女の強さの源が、原作漫画にも登場する「心の美容ノート」なるスクラップブックである。

スワロフスキーの飾りとベルトがついたピンク色で花模様のA5大ノート。格子模様のマス目は使い勝手が良さそうだ。白川さんはここに日常で得た気付きや美容雑学を書き留めたり、雑誌の切り抜きやレシピなども貼ったりしている。花のシールやカラフルなペン使いには彼女の美意識がにじんでいる（映像作品にこういった手書きのノートが登場すると、思わず静止画にして眺めてしまう。一体、誰がどんな風にして作っているのだろう）。持ち主のセンスや情報ソースが如実に表れるスク

ラップブックはＳＮＳ時代において、一周回って新鮮な印象だ。

そんな希少性をうまく使った作品といえば、川口春奈主演『着飾る恋には理由があって』（21、金子ありさ）。川口演じる真柴はインテリアメーカーの広報。片想い中の葉山社長（向井理）の役に立ちたいと、自らが商品紹介のためにＳＮＳに顔を出し、人気インフルエンサーであろうと背伸びしている。そんな真柴が初島の実家に葉山とともに行った時に、母親（工藤夕貴）が「おしゃれなんですよー。昔から」と嬉しそうに差し出すのが、真柴が学生時代に作ったスクラップブックだ。こちらは横長なＢ６大。最初から切り貼り用に作られている丈夫な素材で、ピンク色の表紙は色あせていて分厚い。真柴はここに、気になるスウィーツやカフェ情報、欲しい家具、マニキュアのアイデアなどを雑誌から切り貼りしている。真柴は恥ずかしそうだが、四〇歳の葉山には懐かしかったらしく「俺も同じようなことやってたよー」と目を細める。ここに、葉山の昔のインタビュー記事がマスキングテープで貼られていたことから、真柴の七年に及ぶ片想いはバレてしまう。これをきっかけに二人が接近したことからもわかるように、世界に一冊しかないスクラップブックは、読んだ相手との距離を縮める力を持っているのだ。

スクラップブックが恋を促したドラマといえば、二〇〇〇年、ＳＮＳが一般化していない頃に作られた大ヒット作『Beautiful Life～ふたりでいた日々～』（北川悦吏子）だ。難病で車椅子で生活する司書役（病名は明かされず）の常盤貴子は、カリスマ美容師役の木村拓哉と知り合い、惹かれ合う。彼の仕事のアイデアになればと、常盤は友人役の水野美紀に手伝わせて、「私たちのなりたい髪型」というスクラップブックを作る。雑誌を片っ端から買って（昔の青山ブックセンター で）切り抜き、道行く女性に声をかけて写真を撮り（みんな気軽に応じていて驚く）紙に貼り付けて、ファイリングする。それだけではなく、大量の映画を見て、素敵な髪型をした俳優が登場する場面のみ、細切れでダビングしたＶＨＳまで手渡す。木村の仕事に役立ったことはいうまでもない。このスクラップブック、今見ると非常に興味深い。半透明のＡ４クリアファイルにモコモコ素材のシール、常盤と水野のものらしき手描きイラストを貼り付けている。この絵、当時大人気だったMAYA MAXXのタッチに似ている。しかし、白川さんや真柴が作ったものと比べると、いかにも素人の切り貼りといった印象で、恋のライバル役である原千晶が「幼稚園生の工作」とあざ笑うのもやや納得である。

手描きイラストと聞いて思い出すのは、『世にも奇妙な物語』の「友子の長い夜」（95、中谷まゆみ）だ。ともさかりえ演じる女子高生・友子が試験前夜、余計なことばかりして勉強しないまま朝を迎えてしまうという恐怖のコメディだ。友子がまず作る勉強の時間配分表は、独特のくびれた書き文字はもちろんのこと、天使の羽がついた女の子のイラストが矢沢あいを彷彿とさせ、九〇年代らしさが詰まっている。色使いはカラフルで可愛らしく、今でも十分通用するものだ。その代わり、友子は本格的な仕様の色鉛筆や絵の具、クレヨンを大量に駆使し、試験前夜としてはありえないほどの熱を入れて制作している。そう、文房具史を振り返ってみたら、マスキングテープや洒落たシール、ニュアンスカラーのペンが比較的安価で流通するようになったのはここ最近であり、あの頃は、ノートを可愛く仕上げるためには、プロ仕様のお店で画材を探すか、自分で絵を描くスキルを身につけるか、書き文字を工夫するしかなかったのだ。

同じくともさかりえ主演の『ロッカーのハナコさん』（02、戸田山雅司）は、文化が紙からネットに切り替わる過渡期をとらえた貴重なドラマだ。仕事ができない女性社員にしか見えない、一〇年前に事故で死んだ幽霊のハナコさん（ともさか）。ハナコさんに指導される女性たちのドジとして、書類がなくなってそれを探す、というエピソードがとても多い。有能だがなぜかハナコさんが見える理子（国分佐智子）に「ハナコさんの現役当時には、インターネットも、ブロードバンドもなかったわけですから無理もないことですが」とマウントをとられ、悔しくなったハナコさんは一夜漬けで最先端のＩＴスキルを身につけようとするのだが、この時のソースもまた、すべて紙の本なのが興味深い。

ここ数年、テレビドラマで紙や書き文字が新鮮なものとして描かれる流れは、昭和生まれにはちょっと嬉しい。しかし、それはＳＮＳと対立するものではないのだと思う。

『メンタル強め美女白川さん』の原作では、インフルエンサーの同僚・花岡さんというキャラクターが登場する。ＳＮＳとは適度な距離を置き、心が動いたことはすべてノートに書き留める白川さんと、なにか見たらシェアせずにはいられない花岡さんは対照的だが、決して対立はせず、それぞれの良さを認め合っている。また、『着飾る恋には理由があって』でも、真柴は会社をやめ、本当の夢を見つけるも、ＳＮＳでの発信は続けることを選んでいる。

スクラップブックもインスタも情報を取捨選択し自分が編集長の雑誌を作る、という意味では同じなのかもしれない。今後、スクラップブックはどんな扱われ方をされていくのか。テレビドラマを楽しみにする理由が、また一つ増えたところだ。

＊

二〇二四年五月現在、朝の連続テレビ小説『虎に翼』では一九三〇～四〇年代の生活においてスクラップブックがとても貴重な文化だとわかる描写が頻出し、ニコニコしている。

第32話

テレ朝ドラマならではの独自の工夫と進化に注目

　今クール（二〇二二年七月クール）、議論を巻き起こしている『六本木クラス』（徳尾浩司）は、韓国の大人気ドラマのリメイク作品だ。本家『梨泰院《イテウォン》クラス』（20、チョ・グァンジン）のファンは「ショボい」と怒っている。しかし、本家を知らない人は「え？　普通に面白いんだけど。なにがダメなの？」と首を傾げている。

　私の周囲の女性の韓国ドラマファンに限っていえば、そもそも『梨泰院クラス』に対しての評価は最初から低かった。日本ドラマにはとっくに見切りをつけている彼女たちは、韓国ドラマには最新のジェンダー観、画期的なプロットを求めている。すぐれた男性主人公が父親の仇を討つためにビジネスを起こすという王道のサクセスストーリーは、ぜんぜん響かなかったようである。

　かくして本家のアンチとファン、日本版のアンチとファン。四つの意見を頭に入れて、『六本木クラス』『梨泰院クラス』の順で一話ごとに見比べながら視聴した。主人公の父・信二を演じる光石研は、本家ドラマの大ファンだそうで、確かに演技を「寄せた」だけではないリスペクトが感じられる。彼を見ていたら本家未見の上で語るのは失礼だと思えた。

さて今、五話まで両方見終わったところだ。これを日本でリメイクしようと思ったのは非常に納得のスカッとする逆転劇だと感じた。女性キャラクター全員に欠点もかっこよさもある描き方も新しいと思う。

ただ、トランスジェンダー女性の綾瀬りく役をさとうほなみ（バンド・ゲスの極み乙女。のドラマーほな・いこかとしても活動）が熱演していて「ドラマーのはずなのに芝居うまいなあ。でも、トランス当事者が演じるわけではないのか。でも、まあ、日本にしては、相当進んでいる方だよな。きっと、本家は違うんだろう」と思っていたら、本家も非当事者と思われる人気俳優（イ・ジュヨン）が演じていたことには「あれ？」とは思った。さらに、トランスジェンダーが「マジョリティに理解してもらい、頑張って仲間に入れてもらう」という場面もどうなのかな？とは感じた。「でも、まあ、日本にしては進んでいる描き方なのかな」と思い直した。しかし、本家もさほど変わらない描写なのである。平手友梨奈演じるソシオパス（反社会性パーソナリティ障害）の麻宮葵は、目が釘付けになるほど魅力的だが、その並外れた知性は、主人公（竹内涼真）をサポートすることに使われるのが歯がゆく「本家は違うはず」と思ったが、本家のチョ・イソ（キム・ダミが演じる。こちらも信じられないくらいにかっこいい）も同じなのであった。悪役の、絵に描いたような無能なボンボン役の早乙女太一が笑顔を浮かべゆっくり拍手しながら登場するところで「私はこういうの好きだけど、昭和な表現だな。でも、本家は……」と思ったが、なんと本家もそうであった。このように「これは日本ドラマならではの古さかな？」と気になったところを確認すると、本家も同じなのには驚かされた。

別に『梨泰院クラス』が悪いわけではない。単に私が国内ドラマばかり見すぎていて、韓国のエンタメ表現というものはなんでもかんでも世界トップレベルなのだと思い込んでいたためである。

これはよくないなあ、と思ったのは、敵となる長屋ホールディングスが、そこまでの大企業に見えないことぐらいだろうか。唐揚げが売れただけで、警察にまで力を持つか？　あと、長屋家に豚がいないのは気になる。

一番批判されている「安っぽさ」はほとんど気にならなかった。なにもかもがのぼり調子で命のほとばしりが伝わってくるような梨泰院を、不景気で人もまばらな六本木に置き換えるのだから、ロケのシーンに勢いがないのは仕方がない。

しかし、これがテレ朝のドラマだということを思い出して欲しい。これ以上お金をかけたらドラマ自体が成り立たなくなるであろうくらいの、的確なキャスティングやカメラワークではないだろうか。演者全員、ものすごく頑張っている。このように、テレ朝はお金も時間もない中でなんとかかんとかやりくりをし、それなりの形にするドラマ作りにかけては他の追随を許さないのだ。

テレ朝といえば、二〇二二年三月に放送されたスペシャルドラマ『津田梅子〜お札になった留学生〜』（橋部敦子）は傑作だった。もちろん、日本最初の留学生たちが大海原に乗り出す重要な場面が、海と演者が別々の場所で撮られているのが明らかなCGなのはどうなんだろう、ここも明治村かあ〜、ブリンマー大留学シーンは数秒なのか、と、いろいろ不満はある。あるが、他局には見られない工夫もあったし、フェミニズムが感じられた。特筆すべきは梅子の父を演じる、伊藤英明。明治としては進んだ価値観の男性だが、妻や娘に対しては威圧的な古いおっさんというバランスが素晴らしい。英明にこんな使い方があったなんて。

最初からテレ朝がこうだったわけではない。『セックス・アンド・ザ・シティ』をモチーフにしていると公式がはっきり宣言してしまった『恋は戦い！』（03、尾崎将也ほか）は、『六本木クラス』の比ではないほどショボく、なによりセックスをまるっきり描かなかったことを、私は忘れていない。ちなみに本上まなみがキャリー（サラ・ジェシカ・パーカー）で、坂井真紀がミランダ（シンシア・ニクソン）だった。やれることとやれないことを見極めながら、テレ朝は独自の進化を遂げてきたのだ。

そもそも、海外の人気ドラマのリメイク、もしくは意識した作品が、日本でうまくいった例を私はまだ見たことがない。予算と人権がこの国にはない。海外のヒットドラマからは、エンタメで社会をよりよくしようという気概が伝わってくる。かたや日本は、お金がないせいで「頑張らずにウケればいいな」というズルさがにじむと同時に、あなたも私も人に甘えず自己責任で、できるだけ器用に生きていきましょうね、という意識が丸わかりなので、いくら国外から面白いプロットをいただいてきても、面白くないのである。

しかし、逆算することは可能ではないか。いわば、買い物にいって料理を作るのではなく、冷蔵庫にあるもので料理をするのである。やれる範囲でならどこよりも頑張れるテレ朝。『六本木クラス』にだって本家へのリスペクトが感じられる。そんな私が提案したいのは互いの夫が同性婚することになったシニア女性二人の友情を描く『グレイス&フランキー』（15～22、マルタ・カウフマンほか）のリメイクだ。『やすらぎの郷』のキャストをそのまま使い、放送時間帯は『徹子の部屋』の前。同性婚はまだ我が国ではできないので、結婚したがっているシニア男性カップルを描くだけで問題提起になる。できる範囲で少しずつ頑張る。最終的には予算と人権がついてくれればいうことはないと思っているので、私は今日も国内ドラマを見続けるのである。

*

こんなせせこましいことを言っていた自分がもはや懐かしい。二〇二四年五月、私は『虎に翼』にガチハマりしていて日本のドラマに希望を見出している。

第33話／〝清濁併せ呑む〟の、その先へ！　報道ドラマが切り開く新たな道

『エルピス―希望、あるいは災い―』（22、渡辺あや）が今、体当たりで道を切り開こうとしている。

深夜のバラエティ番組に飛ばされてきたアナウンサーの浅川恵那（長澤まさみ）が、新米ディレクター・岸本拓朗（眞栄田郷敦）と手を組み、冤罪事件に立ち向かっていく。どのキャストもはまり役だが、私は、番組のヘアメイクにして、冤罪事件の重要参考人でもある大山さくら（三浦透子）から目が離せない。不穏な存在感がとてもいい。

恵那を駆り立てるものは正義感だけではなく、贖罪だ。恵那は、キャスター時代に自らが「真実」と信じて報じたことが必ずしもそうではなかったという後悔から、不眠と摂食障害に苦しんでいる。この場面で、安倍元総理のニュース動画をそのまま使ったことは、本作がフジテレビ放送であるせいもあって賞賛された。

三話まで見た段階では、マスコミ側に立つ作り手たちが自らを反省し、次世代に持ち込すまいとしている意図が明確に伝わってくる。いかに画期的なのかは、これまでフジテレビで数多く作られてきた報道系お仕事ドラマを振り返ってみれば、よくわかる。

常盤貴子主演『タブロイド』（98、井上由美子）はフジサンケイグループの夕刊フジが協力し、話題を呼んだ。一流新聞の社会部からタブロイド紙「夕刊トップ」に飛ばされてきた主人公（常盤貴子）。いい加減に見えてジャーナリズム精神に熱い編集局長（佐藤浩市）や、プライドをもって三流スクープを追う契約社員（ともさかりえ）、下世話な見出しにも正しい日本語を使おうとする整理記者（京野ことみ）らに囲まれ、タブロイド紙で社会を変えられる可能性を見出していく。午後になるといっせいに記事が集まってきて、編集局長が精査、紙面が組み上がり、輪転機から刷りたての新聞が飛び出してきて、夕方のキオスクに並ぶまでをきっちり見せてくれるところがなんとも贅沢だった。

元エリートが放り込まれる魅力ある凸凹チーム。全員が力を合わせニュースを発信するまでのドタバタの二四時間を手際よく一話完結で描くこと。この二つがその後、報道系ドラマの欠かせない要素になっていく。伝説のキャスターを天海祐希が演じた『トップキャスター』（06、坂元裕二）もそうだったし、エリート育ちのチーフプロデューサー（松嶋菜々子）とバラエティ出身のディレクター（福山雅治）が絆を育んでいく『美女か野獣』はとりわけ顕著だった。大雪のせいでトラブル続出の中、朝一番のニュース番組に向けて、局に残っていた登場人物たちがそれぞれのスキルや手持ちカメラを駆使して突っ走る第四話は、主題歌の東京スカパラダイスオーケストラ「銀河と迷路」の疾走感とマッチして、何度見直しても色あせない爽快さだ。脇を固める渡辺いっけい、児玉清、佐々木蔵之介、八嶋智人らが素晴らしいのもさることながら、深浦加奈子の知性が漂う佇まい、懸命に発せられる台詞一つ一つに熱がある白石美帆もとてもいい。

報道ドラマのチームは視聴者に近しい、上層部から押さえつけられながらも懸命に責任と業務を全うする人物たちとして描かれてきた。言ってしまうと、制作サイドの自己像でもあるのだろう。しかし、『エルピス』でまず突きつけるのは、こうした「愛すべきチーム」が、実は落ちこぼれでもなんでもない、特権階級集団という事実なのだ。周囲に見くびられている岸本によるナレーション「僕は自分を凡人だとは思っていなかった」は衝撃的だった。彼らがいかに睡眠不足で風呂に入れずヨレヨレになろうが、取材対象者や大物芸能人に邪険にされようが、高学歴だけが参加できる戦争を勝ち抜いて、マスメディアの真ん中に立って高給を受け取っている人間であることに変わりはない。配属先が出世ルートから外れた場所だとか、打ち切りが確定している番組であるとかは関係ないのだ。

さらに、『タブロイド』で佐藤浩市の演じた局長もそうだし、『美女か野獣』で福山雅治が演じたディレクターもそうなのだが、口調が荒い、女好きで遊び好き、出世ルートに背中を向けた、マスコミ職のベテラン男性というのはこれまでエンタメで好意的に描かれてきた。彼らは若い主人公に世の中はきれいごとでは生きられないことを教えてくれる、いわばセクシーなメンターだった。しかし、『エルピス』のチーフプロデューサー・村井喬一（岡部たかし）はすべての特徴がこれにあてはまるものの、極めて醜悪な人物であり、恵那の体調を悪化させる元凶として描かれている。これを踏まえて、佐藤演じる局長や福山演じるディレクターをもう一度よく見てみると、あの態度は、今の感覚だとセクハラだとわかるのである。妥協をしつつ前に進む姿もかっこいいというより、ズルい。

さて『タブロイド』は『エルピス』同様に、冤罪がテーマになっている。無実を主張する容疑者役はなんとハリウッドに行く直前の真田広之。常盤貴子の尽力によって、彼の無罪が証明されるが、最終回はどんでん返しを迎える。真田広之は本当に殺人者であるばかりではなく、真の復讐のターゲットは佐藤浩市を代表とするマスメディアそのものであったと判明。自己批判に向かうところは当時としては爆裂に新しい。ただ、最後にたどり着いた結論は「人に伝えるという行為は実はとても困難で、間違いや見落としが付きまとう。それを避けるためには一切報道をやめるしかない。でも、私たちは伝えることをやめない。たぶん、真実はその危うさの先にしかないからだ」というものだ。常盤貴子が、自己批判精神を持ちながらこれからも走り続けると決意するところで物語は完結する。傑作ではあるが、『エルピス』の一話以前の物語なのである。

では、『エルピス』だけは素晴らしくて、『エルピス』以前は全部ダメ、なのだろうか。そんなことはないと思う。『トップキャスター』第三話では、黒田福美演じるインチキ占い師と天海の対決がコミカルに描かれる。これは誰がどう見ても、当時大人気で視聴率を握っていた細木数子のスピリチュアル商法を批判した内容だ。この回は細木サイドからクレームが来たらしく、お蔵入りとなっている。脚本はあの坂元裕二。当時としてはかなり勇気のあるメディア批判ではないだろうか。

これまでの報道ドラマは、清濁併せ呑みながらも仲間たちと進み続けること、ベストではなくベターを選び、いつかは正義が勝つ日を夢見ながら生き抜く強さを教えてくれた。終盤までの『エルピス』が提案していたのは、もう「濁」を呑み込むのはやめようということだ。『エルピス』を見る限り「濁」を拒否した恵那は大変そうではあるが、力強く、希望を持っているように見える。

ちなみに『トップキャスター』の幻の三話は今なおＤＶＤに収録されておらず、フジテレビオンデマンドの配信からも抜かれている。

＊

このドラマ、着地含めて素晴らしく、長澤まさみが新たなフェーズに入った意味でもドラマ史に残ると思うのだが、一点だけ、誰も悪くない誤作動が起きている。村井を演じる岡部たかしに魅力がありすぎ、それゆえに彼の成長に話が傾き、フェミニズム色は薄まったきらいがあるかな、と思う。あまり語られていないボンボンガールのみんなや笹岡（池津祥子）たちの物語もさらに知りたかった気持ちがある。

第34話

“料理好きで家事上手な女たちが、“モテ”視点から解放された！

前クール（二〇二二年一一月クール）、女二人の食卓を描いたドラマとして令和史に残る傑作だった『作りたい女と食べたい女（つくたべ）』。そして、二〇二三年に入ってから放送開始の『今夜すきやきだよ（すきやき）』（山西竜矢脚本）も女二人の食を描いた夜ドラマである。『つくたべ』は野本さん（比嘉愛未）と春日さん（西野恵未）の女同士のラブストーリー、『すきやき』は、料理好きなともこ（トリンドル玲奈）と食べるのが好きなあいこ（蓮佛《れんぶつ》美沙子）の友情という、バリエーションの豊かさも嬉しい。出てくる料理も『つくたべ』は自分の中の子ども心を満たしてくれるような郷愁をくすぐるメニュー、『すきやき』は普段の景色がちょっと色鮮やかに変わるような多国籍メニューというところも好きだ。

ともこはアロマンティック（他者に恋愛感情を抱かない人）である。セクシャリティを理解しない人間にそれを受け入れてもらうため、ともこが苦労するという描写がまったくないところが、私はとてもいいと思う。『つくたべ』でも野本さんの恋を応援していた恋バナ好きの同僚（森田望《み》智《さと》）が、相手が女性だとわかっても、なんら態度を変えないところも好きだった。

『つくたべ』『すきやき』に共通するもう一つの美点は、料理が好きな女が悪人でも聖人でもなく、視聴者の共感を呼ぶ存在として描かれているところだ。料理が好きなだけに、本当に喜ばしいと思っている。

フィクションの中で料理好きな女が出てくると一瞬、緊張が走る。というのも、ある時代まで、料理が好きな女は、高確率で嫌な人間、もしくは周囲のコンプレックスを無自覚に刺激する装置として機能することがとても多かったのだ。現在だってゼロとは言えない。

一九六五年から一九八〇年まで放送された長寿番組『女と味噌汁』(平岩弓枝)は、実を言えば平岩弓枝の原作小説を読んだだけで、池内淳子主演のドラマを不勉強ながらまだ見ていないのだが、芸者の「てまり」がいつかは自分のお店を持つことを夢見て、終業後、お味噌汁とおにぎりのライトバン屋台を出す場面に非常にときめいた。しかし、てまりの存在が、常連の男たちの配偶者のコンプレックスを刺激するくだりが、どうにもキツかった。もちろん、てまりは肯定的に描かれている。ただ、自立していて、手の込んだ家庭料理を作れて、なおかつ華と魅力がある独身女性が、主婦の心にさざなみを立てていくといった話運びに居心地の悪さを感じたのである。

「料理好きの女は悪」が決定的になったのはやはり一九九一年『東京ラブストーリー』だろう。当時、自由奔放なリカ(鈴木保奈美)が日本中から愛されすぎたせいで、おっとりしたマドンナ的存在のさとみ(有森也実)は必要以上に憎まれた。好きな男がお腹を空かせていた時、カップラーメンを笑って差し出すリカに対して、タッパーに入れた手作りおでんを自宅まで持ってくるさとみは、計算高い女として徹底的に糾弾された。小学校の頃、母が愛読していた女性エッセイストの著作をめくっていたら、さとみのおでん事件が全力でぶっ叩かれていたのをよく覚えている。今だったらさとみを「あざとかわいい」として支持する女性も相当いそうだが、当時の嫌われ方は子どもながらにちょっと異様に映った。

その後も、トレンディドラマにおいて料理上手な女は、先進的なヒロインと対局に位置する、保守的でしたたかな存在として描かれてきた。そんな中、一九九六年放送の月9『おいしい関係』（野沢尚・橋部敦子）のヒロイン・藤原百恵（中山美穂）のキャラクターは画期的だった。没落した元お嬢様で超グルメの百恵は、偶然入ったレストランのコンソメに魅了され、シェフの織田（唐沢寿明）に強引に弟子入りする。オムライスなどの料理がとにかく美味しそうなのもさることながら、百恵の食いしん坊ぶりはすごい。金がなくても肉屋で買ったコロッケを立ち食いするなど、食の楽しみをあきらめず、料理はまったくできないにも関わらず蓄積された食の知識だけで、なんとか織田にくらいつき結果、シェフとして成功する。もしかして、料理好きな女は他人にうまいものを食べさせたい以前に、単に自分がうまいものを食べるのが好きだという可能性は？　必ずしも、異性に好かれるために作っているとは限らないのでは？という当たり前の事実を視聴者に突きつけたのである。

二〇〇〇年代に入って、料理好きの女への視線はガラリと変わる。伝説的ドラマ『すいか』と、それに続く、傑作映画『かもめ食堂』の登場だ。美味しそうな料理で女達を満たす、とびきりおしゃれな小林聡美と『すいか』の市川実日子の存在は、料理＝異性愛規範の図を崩壊させた。この辺りからフィクションの中で、料理好きな女が善として描かれることが増えてきたように思う。ただ、それぞれの作品に登場する「ハピネス三茶」も「かもめ食堂」も金を受け取って食を提供する場所だ。彼女たちは愛される「料理好きの女」ではあったが、それはプロの職人だからだ。『おいしい関係』の百恵にもあてはまる。彼女たちが美味しい料理を作ったからといって、誰かへのアピールにも奉仕にもなりえなかったから、みんな安心して楽しめたのかもしれない。

唐突だが、ここで私は小林聡美や市川実日子とは異なる立ち位置にあった、矢田亜希子と釈由美子の功績について語りたい。二〇〇一年公開のイギリス発のラブコメ『ブリジット・ジョーンズの日記』が日本ドラマに多大な影響を与えていた二〇〇〇年代初期から中期、深津絵里主演『恋ノチカラ』（02、相沢友子）と稲森いずみ主演『曲がり角の彼女』（05、後藤法子）が相次いで作られた。和製ブリジットとも言えるややガサツで酒好きなアラサーヒロインはみんなに支持された。矢田、釈は、そんなヒロインの劣等感を刺激する、家庭的で料理上手なモテる後輩を演じている。しかし、この二人のどこかイナセな佇まいのおかげか、それとも時代の変化か、「さとみ」のように嫌われることはまったくなかったと記憶している。というのも、矢田も釈も、なんだかんだとヒロインをライバル視せずに、ケアを担う。持ち前の家事能力で暮らしを整えてあげたり、食事を用意したりする。きちんと暮らす彼女たちにとって、だらしない先輩はついつい手を貸したくなる存在なのだ。地に足がついた矢田、釈を評価する声は多かったはずだ。

この二人の好かれ方は明らかに視聴者を「さとみ」への呪詛から解放した。それは家事能力も料理も、性別も関係なく、人間が生きて行くために当たり前に必要な能力であり、モテへの材料などではないということを明白にしたためだ。さとみのおでんだって、考えてみればただの練り物と野菜を煮込んだ汁物であり、批判していた人は、そこに意味を見出しすぎていたのではないか。『つくたべ』の野本さんも『すきやき』のともこも、自分の料理好きを「いいお嫁さんになる」などと男性への奉仕としてとらえられる風潮を嫌っている。

女が女に料理を作り、違う生き方を肯定し合う。まるで、さとみとリカがやっと一緒におでんをつつき合うようになったような令和の最新ドラマシーンを、私はとてもいいなと思っている。

*

その後、食+シスターフッドドラマは作られ続けている。最近、私には作風のせいかよく、「こういったドラマ、増えすぎですよね？」と鋭い視点での意見が求められることが増えたが、「こんなんなんぼあってもいいですからね」byミルクボーイ。

第35話 ／ 〝貧困〟というシビアな問題を丁寧に描く、良質なファンタジー

岡田恵和脚本『日曜の夜ぐらいは…』（23）は経済的に困窮した三人の若い女性（清野菜名、岸井ゆきの、生見愛瑠《ぬくみめる》）が、ひょんなことから出会い、友情を育んでいく物語だ。ケアラー問題などシビアな現実が描かれるが、テンポが良く、ひょうきんな岸井の演技のおかげで、笑いも足されているので、日曜の夜にぴったりである。

ただ、生活描写にリアリティがある部分とこれはファンタジーかも、と感じられる部分が交互に出てくる。例えば、カフェにどうしても入れなくて、店の前を自転車でのろのろ通り過ぎる清野の表情は実にリアル。よくドラマの中で「金銭的に困っている」とされるキャラクターが行きつけの居酒屋や喫茶店でくつろいでいる姿を見る度に、違和感を覚えていたので、この描写は鋭いと思う。反対にファンタジーだと思うのは、車椅子で生活する、母親役の和久井映見が、清野の誕生日を祝う場面だ。部屋中に飾りがつけられ、ちらし寿司にはたっぷりいくらを乗せる。手作りらしきローストビーフ、オーブンで焼いたケーキにはいちごや生クリームを飾る。さらに、母の介護とアルバイトだけの暮らしを送る清野は本当に追い詰められた時は「一番高いアイス」をコンビニで買い、それを和久井と食べることで、ほんの少し息を吹き返す。と

てもいい場面だし、一番高いアイスという魔法のキーワードで、自分を鼓舞する清野はいじらしい。これを聞いた岸井、生見が真似したくなるのも納得だ。私はここで、本当に困窮している人はアイスを選ぶお金などないはずだ、などと生活保護受給者叩きめいた指摘をしたいのではない。ただ、なんでもいいから小さなアクションを起こし一回この現状を離れて俯瞰で自分を眺めてみようとする清野の心のあり様がいい意味で、理想的だと思うのである。もちろん、ファンタジーではあるが、これらはみんな、良質なファンタジーで、当事者を傷つけるものではない。

なにしろ、八〇～九〇年代のテレビドラマの貧しさの描写は今では考えられないくらい雑だったのだから。

貧困の一番のキツさは、あらゆる欲望を小さく丸めていかないと生きていけないことだ。ひたすら働いても、人間関係が固定化し、違う環境にいる誰かと出会う機会がない、新しいカルチャーや情報が入ってこない、常に疲労感に支配され、自分を客観視できなくなることもあげられると思う。貧困を描くのであれば、『日曜の夜ぐらいは…』のように、日常の中の小さなあきらめの積み重ねを丁寧にとらえなければダメだろう。

日本で一番成功した貧困ドラマ『家なき子』はこうした日常描写をすべてすっとばしている。企画の野島伸司は「貧困」「身体の障害」「性暴力」を、物語を進めるコマとして用いることに長けた脚本家だ。アイテムには利用するが問題提起は絶対しない姿勢は清々しいまでで、話に勢いがつけば、悲劇が加速すればそれでいい。「同情するなら金をくれ！」という安達祐実演じるすずの台詞は社会現象ともなったが、弱者に対して優しい社会への力が働いたかというとほぼ皆無だった。ネグレクトされているすずが愛犬リュウと一緒に、毎回いろいろな家に行き、そこでの問題や悲劇に遭遇していくドラマチックな流れは、続編や劇場版にも持ち込まれた。

ドラマは映画とは違い、連続して見るものだ。あまりにも殺伐とした地味な日々がリアリティをもって描かれていると、見るのを断念する人が増えるのも確かだ。だから、日本では『家なき子』がそうなように、貧困を描く時「主人公に強制的な力が働き、どんどん環境が変わる」ことでこれを乗り切ってきた。

それがもっとも顕著に現れたのは織田裕二主演の『お金がない！』（94、両沢和幸・戸田山雅司）。このタイトルが人気コメディだったのだから、やはりあの頃は景気が良くて、視聴者にとって貧困が遠かったのだとしみじみ思う。主人公の健太郎は川沿いの古い家に住み、幼い兄弟たちとサンマや納豆を食べるという暮らしが描かれるが、丁寧というよりは漫画チック、古き良き昭和をカリカチュアしている印象だ。健太郎はひょんなことから大企業に潜り込み、持ち前のパワーとはったりでどんどんトップにまで上り詰めていく。タイトルに反して、描かれるのは小気味よいスマートなサクセスだ。物語の最後、健太郎はもう一度貧乏な暮らしに戻り、いちからやり直すことを決意するのだが、当時のドラマにおける貧困とは、出入り可能なライフスタイルの一種のようなものなのか、と今見るとびっくりする。

もう一つよく用いられる手法は「貧しいということになっているが、奇跡的に安く借りられる魅力的な物件に住み、そこに住む住人が世話を焼いてくれる」だ。日本版『キューティ・ブロンド』を目指した『ダイヤモンドガール』(03、川嶋澄乃ほか)もこれにあてはまる。婚約者にフラれ、実家も倒産した元社長令嬢の麗香(観月ありさ)は、夜の街をさまよい、一泊一〇〇〇円のモーテルに宿泊することになり、最終回までここの住人となる。それどころか、ラストシーンではこの一室に岸谷五朗演じる弁護士と事務所を立ち上げている。この宿、MVにでも出てきそうなほど実にフォトジェニックだ。ネオンもおしゃれ。治安の悪い場所にある上、鍵もかからない、などのデメリットも描かれるが、隣人役がおしゃべりな濱田マリだったりするので、実際だったら当然あるであろう、盗難や暴力や性被害の恐怖がほぼ感じられない桃源郷のような環境なのである。

しかし、二〇一〇年代に入り、状況は一変する。伝説の坂元裕二の突然の変容である。かつて坂元脚本の常連だった織田裕二の姿はそこにはなく、代わりに満島ひかりが立っていた。このタッグで、経済的に困窮し社会的に孤立した若い女性の物語が次々に生み出されていく。『それでも、生きてゆく』『Woman』(13)の満島ひかりの細い首と緩んだ首元の量販店の服は本物の生活感があった。それだけでも新しいのに、物語は見始めたらやめられないほど面白く、その上、社会をより良くしたいというメッセージまで感じられたのである。満島ひかりと坂元裕二のペアは、ステレオタイプ化された貧困描写を一撃で過去のものにしたばかりではなく、困窮を物語の起爆剤にすることを完全に「ナシ」にした。

近年では『凪のお暇』など、金銭的に逼迫した主人公が最終回まで地味な日々を重ねながら、辛い気持ちにもならないし、無理くりなポジティブシンキングもない、良質なドラマも増えてきている。

ちなみに『日曜の夜ぐらいは…』は第二話の終わり、清野が宝くじに高額当せんし、友人たちと分け合うことになる。かつて日本で量産された貧困ドラマ同様、主人公たちの生活は激変してしまうのかもしれないが、私は一、二話で丁寧に積み重ねてきた生活の呼吸をまだまだ見守っていたいと思うのである。

＊

日本ドラマを見ていると、貧しさの表現に切実さが増しているが、リッチの表現はまだ古いなあ、と思うことが多い。豪邸やお金持ちの暮らしぶりが九〇年代からあまり印象がかわらない。二〇二四年のお金持ちはむしろ住む場所にこだわらず、シンプルな白Tシャツとかを着ているのかもしれない、と思うことがある。

第36話　夏のキラキラ恋愛ドラマに出現したニュータイプのヒロインに夢中！

二〇二三年七月クールの月9『真夏のシンデレラ』は今どき珍しい、海辺を舞台にしたキラキラな男女群像ラブコメとして話題になっているが、私はもう、それどころではない。ヒロインなっつんこと夏海（森七菜）についてこの二週間、ずっと考え続けている。夏海を取り巻く幼馴染（神尾楓珠《ふうじゅ》）と裕福なエリート男性（間宮祥太朗）の三角関係や、仲間たちの恋愛模様がまったく頭に入ってこない。それは、なっつんの日常があまりにもハードだからだ。

湘南に住むなっつんは、観光客にマリンスポーツのサップを教えながら実家の食堂を切り盛りしている。出て行った母に代わって、高三の弟と父親のケアも担っている。なっつんは毎日早起きし、家族の衣類を洗濯し、手の込んだお弁当を作り、親友らと海岸のゴミを拾う。おにぎりを余分に作っておいて、顔見知りに配って歩く。金銭的に困窮する仲間にはお金まで渡す。開始一〇分で、私はなっつんの、徳の高さにびっくりしてしまった。「愛されヒロイン」の枠を超えて、ほとんど人権活動家である。

それだけではない。なっつんは身体能力がずば抜けて高い。海での人命救助はもちろんのこと、客がチンピラにからまれると、ビーサンを武器に撃退する。親友がガラの悪い元彼に暴力を振るわれれば、力ずくで腕をふりほどき、追い払う。二話までに、なっつんが体当たりで悪者をやっつける描写が毎回一回以上はあるのに仰天する。ショートパンツとタンクトップという服装ふくめ、ほぼ『ワイルド・スピード』の登場人物と同じ種類のタフネスだ。また別のチンピラが食堂に現れた時も、なっつんは周りの子連れ客のことを考えてか、穏便におさめていた。この時の対応も迅速で、見事だった。

コミュニケーション能力が高いのはもちろん、生活全方面に細やかな意識が行き届いている。誰にも開けられない瓶の蓋を開けてみせたり、友人がなくした鍵を必死で探してあげたり、親友を喜ばせるためだけに、初めて行く家でアジフライを揚げ、タルタルソースまで手作りし、それが喜ばれなくてもニコニコ過ごしている。その上で、マウントをとる富裕層に向かって「親の金でしょ」と言い返す場面まである。半径三メートルの幸せを第一に考える、地元大好きな若者だが、社会構造に目を向ける鋭さも兼ね備えているし、体制にはなびきませんよ?というエクスキューズまで用意されているのだ。

結果、誰と誰がくっつくかワクワクするというより、なっつんの周りがみんな無能に見えるという不思議な物語になっている。なっつん、こんな町を出ろ。海を渡れ。あなたなら、「世界で最も影響力のある100人」のリストにすぐ入れる。

ここまでの聖人は、草彅剛主演『いいひと。』(97、田辺満ほか)でしか見たことがないかも……と思いかけて、我に返る。あの主人公は、決して有能な人物というのではなかった。人柄と善行を権力者に珍しがられ、ありのままでステップアップしていくにすぎない。もし、彼が新卒の若い男性ではなかったら、あそこまでやりたい仕事をたぶんできていない。キャリア女性役の財前直見が主人公にイライラしてやたらつっかかるのに、そういえば高校生の私は共感したのである。

なっつんが凄まじいのは、聖人であるばかりではなく、マルチタスクで全分野平均点以上を叩き出せるところだ。たとえば天海祐希は、有能な人物を演じることに長けた俳優だが『BOSS』『カエルの王女さま』(12、吉田智子)『Chef〜三ツ星の給食〜』(16、浜田秀哉)などでも、専門分野以外は、身体を壊すほど酒癖が悪いとか、誤解をまねくほど態度が尊大、など常にちゃんと欠点は用意されている。

マルチタスク女性というものは、お仕事ものよりも、主にラブコメの分野で見られる気がする。なっつんのように腕っ節まで強いとなるとさすがに皆無なのであるが、彼女たちは恋のライバルとして登場することが多い。九〇年代はヒロインのコンプレックスを刺激する、嫌味な人物であることが多かったものの、「干物女」をめぐるコメディ『ホタルノヒカリ』(07、水橋文美江・山岡真介)で国仲涼子が「ステキ女子」を演じた二〇〇〇年代中盤くらいから、肯定的な描かれ方がされるようになった。仕事も完璧で私生活にも乱れがない、しかしキリキリもせず、視野がグローバルだから他人に嫉妬もしない。そんなステキ女子でさえ「干物女」の蛍(綾瀬はるか)に憧れの視線を向けていた。蛍のズボラとされる部分、いわば主役らしい自然体っぷりをまぶしく思っているのだ。ただし、二〇二三年に改めて見てみると、蛍がズボラでさえないのに驚く。仕事をこなしたあとは一人で好きに過ごしているだけで、その過ごし方が当時の価値観だと「若い女性のあらまほしい姿ではない」と見なされていただけだ。

話はなっつんに戻るのだが、彼女は超人でありながら、親しみやすく、カラッとした抜け感まで兼ね備え、周囲をリラックスさせる術に長けている。いわばステキ女子と干物女のハイブリッドである。なっつんの唯一の娯楽は夜、漫画を読むことで『こち亀（こちら葛飾区亀有公園前派出所）』というチョイスが絶妙だ。蛍もそういえば、漫画を読むことが好きだった。勉強や読書は苦手、となっつんは恥ずかしそうだが、これだけ毎日忙しければ、じっくり活字を追うのは誰でも難しいだろう。

どうやら、なっつんの唯一の欠点とは「シットリした雰囲気の人間ではない」ということであるらしい。実際、幼馴染に「女として見たことがない」と暴言を吐かれる場面がある。しかし、それは蛍のプライベート同様、他人にジャッジされて決まる欠点ではなく、個性だろう。なっつんはやはりどこをどう切り取っても、長所で構成されたニュータイプのヒロインなのだ。

こうなると『真夏のシンデレラ』製作陣の考えもわかってくる。古き良き王道の群像ものをやりたい、ただし、今の若者に時代に合わない物語だとは思われたくない。であれば、ジェンダー観をアップデートし、社会構造への批判などをうまく取り入れるべきなのだが、それでは楽しい物語にはならない、と判断したのだろう。だから、ヒロイン一人に今、良いとされる要素をどんどん上乗せすることで波に乗ろうと思ったのではないか。そのプランはうまくいった。少なくとも私は、このドラマで頭がいっぱいなのだから。

既存の物語ルールを変えたくないから、ヒロインにこれでもかというほどスペックを足してくる。それはそのまま、物語の中でなっつんに課せられた重責とも重なる気がする。どう見てもスーパーヒーローなのに「元気で頑張り屋の女の子」としてしか周囲にみなされず、不当に搾取され続ける歪みが、現実社会の差別構造によく似ているのだ。

『真夏のシンデレラ』の結末は、まだ決まってないらしい。誰と誰がくっつくかなんてどうでもいい。「なっつんはヒーロー、僕がシンデレラです。なっつん、選んでくれてありがとう。君の今後の人生が最高に輝かしいものであるよう、陰からサポートさせてくれ」という台詞を、間宮祥太朗に是非とも言わせて欲しいのである。

＊

『真夏のシンデレラ』の一つ、残念のところは、ＯＰ映像がないところだ。昔の夏月9は、主題歌と一緒に、海辺で遊んだりふざけたり、壁にペンキで絵を描いたりする登場人物の映像が、毎週流れたものだ。『真夏のシンデレラ』にはあの映像がハマると思う。

第37話 ／ 輝く、アラフォー女性俳優！ 小池栄子と木南晴夏の存在感

私は四二歳だ。今年（二〇二三年）の猛暑はもちろん、汗ばむ日差しと木枯らしが交代で襲来する、なにを着ていいかよくわからないこの数ヶ月の天候は心身ともに本当にキツかった。

　そんな私を支えてくれたのが、今期のドラマシーンである。ついに同世代の女性達が次々に主演を張るようになったのだ。今回は、二〇二三年秋アラフォー女性俳優主演ドラマの二本立てとする。そう、『コタツがない家』（金子茂樹）の小池栄子＆『セクシー田中さん』（相沢友子・芦原妃名子）の木南晴夏の歴史を振り返りたい。ありがとう日テレ。二人とも人気実力兼ね備えたスターだが、GP帯《ゴールデン・プライム》での大抜擢はなんだか自分自身まで肯定されたようで、身体がかっと熱くなる。というのも、テレビっ子の私はもう四半世紀くらい、ありとあらゆるポジションに立つ小池＆木南をドラマで見続けているからなのだ。

　ブレイクスルーは、小池栄子なら『鎌倉殿の13人』（22、三谷幸喜）の北条政子役で、木南晴夏なら『ブラッシュアップライフ』（23、バカリズム）のみーぽん役だと思うが、私にとっては『大奥〜華の乱〜』（05、浅野妙子・尾崎将也）のお伝の方様と『貞操問答』（05、野依美幸）のベビーエロなのである。

え、『貞操問答』がわからない？

東海テレビ『真珠夫人』（02、中島丈博）の大ヒットに追随してＴＢＳで作られた、同じく菊池寛原作の昼ドラである。昭和初期を舞台に三姉妹の泥沼愛憎劇が描かれ、木南は小悪魔的な末っ子（通称ベビーエロ）を熱演。オープニングではつんく♂作詞作曲の奥村愛子の超名曲「くちびるセクシー」に合わせて、登場人物全員がダンスホールで踊り狂う。逃げ恥エンディングよりはるか昔、それもコミカルな印象がほぼないドラマなのでかなり面食らった。そんな中、いっさいの照れがなく、肩や腰にグッと力を入れて、表情管理までやりきっていたのが当時まだ二〇歳の木南、そして意地悪な奥様役で、今なお『ブラックファミリア～新堂家の復讐～』（23、佐藤友治・城定秀夫）で同じような役を演じる、筒井真理子である。木南が昼間は地味な会社員、夜は妖艶なベリーダンサーを演じて好評な『セクシー田中さん』だか、二〇年前から私は踊る彼女に釘付けになっていると思うと、感慨深い。

過去作品がふと重なるといえば、『コタツがない家』の吉岡秀隆演じるダメ夫は、彼のキャリアを決定付けた昭和の傑作『男はつらいよ』シリーズの甥っ子・満男の成れの果てとも言えるし、「寅さん」からフットワークの軽さと妖精めいた魅力を引いたら、こうなるんだろうなというリアリティがある。実際『男はつらいよ』オマージュなのかなと思わせる描写も多い。しかし、小池栄子好きな私としては、BeeTV史上最大の傑作『エセ肉食女の恋愛事情』（11、中園ミホ）を意識的に思い浮かべるようにしている。

え、BeeTVを知らない？

二〇〇九年にエイベックスとドコモが始めたオンデマンド型の動画配信サイトである（二〇二三年九月終了）。地上波だったらお仕事ドラマのデキる先輩役で光るタイプの実力派俳優を主演にして、ハリウッド風な明るいラブコメドラマばかり流していて、私は楽しみだった。『エセ肉食女の恋愛事情』も当時の地上波でさえなかなかやらないド直球のラブコメだった。恋に素直になれない勝ち気な小池栄子演じるまどかが友人役の平岩紙たちとガールズトークを繰り広げ、王子様役の要潤と喧嘩しつつ仕事に邁進する。予想を裏切ることはなに一つないが、小池があまりにも生き生きしているので、いつまでも胸に残るシーンがたくさんある。これ以降、小池がはっきりとこちら側に来たというか、セクシーさを降りて、等身大の女性を演じるようになったと思っているので、貴重なドラマだ。

『コタツがない家』で小池が演じる万里江と同じ愛される強気カテゴリーではあるのだが、まどかの実は純情、といういい意味でのステレオタイプから、万里江のキャラクターは前進しているかもしれない。万里江は一見強く見えて本当に強いのだ。それも日テレが得意とする『家政婦のミタ』や『家売るオンナ』などのスーパーウーマンではなく、市井の強い人間だ。悲しい過去とか誰かのためではなく、ただ精神が安定していて、責任を全うできて、愚痴や悪口でストレスを発散できてもいる。なに一ついいところがない夫（吉岡）について、本物の講談社の中で、担当編集役の北村一輝と普通の調子で話し合っている小池栄子の演技には感動してしまった。周囲に万里江に密かに惹かれる人がいるという描写もまったくないのもいい。もう強い女に、なんのエクスキューズも必要なくなったのだな、とこのドラマを見ているとしみじみ思う。

こうやって振り返ると、小池も木南も、ヒロインの恋を邪魔したり、物語を盛り上げたりする悪役を演じてきたことに驚いてしまう。でも、蓋を開けてみたら、どうにも憎めない、共感を呼ぶ中心人物になっていることが多い。『山おんな壁おんな』（07、前川洋一ほか）も、私は伊東美咲と深キョン（深田恭子）と小池の三人娘の物語だと記憶しているし、『せいせいするほど、愛してる』（16、李正美ほか）はパートナーに不倫された役の木南が大暴れしてみんなを味方につける話だと思っている節がある。もちろん時代が追いついたこともあるが、この二人がどんな小さな役であれ、丁寧に命を吹き込んできたことを忘れてはいけない。二人が出演した作品はあまりにも膨大だが、どれ一つとして、私は小池、木南が場をサラッと流している瞬間を見たことがないのだ。小池栄子がかつてバラエティで数字が取れなかったことを自虐していた『寸劇刑事《デカ》』（04、櫻井武晴）でだって、彼女はほとんど着ぐるみで身体が隠れていても、表情だけで新米刑事の熱を表現していた。

『コタツがない家』も『セクシー田中さん』も男性キャラは総じてダメ人間だ。結局、信じられるのは自分の力、あるいは、同性との連帯というところはとても今っぽい（田中さんを慕う後輩役のめるること生見愛瑠が素晴らしい）。ダメ男でも献身的に尽くそう、または勝とう、とするのではなく、戦力外だとみなし諦めているがたまにわかりあえるかも、というスタンスが、私には新鮮だった。

今年は政治経済国際面では最悪だったが、アラフォー女性俳優の活躍となると生きてきた中で過去最高の一年だった。小池栄子のイエローキャブ時代の仲間、MEGUMIの大注目、ともさかりえの一七年ぶりの主演ドラマ『湯遊ワンダーランド』（舘そらみ・我人《がじん》祥太）も記憶に新しい。バイプレイヤーとして名を馳せてきた江口のりこ、山田真歩、安藤玉恵の実力三強がセンターで輝き始めたのはもちろんのこと、NHK『大奥』（森下佳子）で主演クラスのアラフォー俳優がこれまでにない役柄を演じていることも話題だ。ずっと活躍を見続けてきた同世代の更なる躍進が、ここまで嬉しいものだとは思わなかった。

来年が私にとっても皆さんにとっても少しでもいい年になることと、佐藤江梨子、小池栄子、MEGUMIの伝説のバラエティ番組『さとこいめぐさん』が復活すること。それが私にとって今、一番強い願いである。

＊

『セクシー田中さん』に関しては放送終了後、原作者が亡くなり、それによって見方が変わった部分もある。しかし、私は素晴らしい作品と思うので、ここには三話までの感想を、のちに実写化における原作改変問題とともに総評を書かせていただいた。

第38話

あの文学賞出身者たちが描き出す、女性を取り巻く世界

選考委員を務めている「女による女のためのR‐18文学賞」、今年も選考会がそろそろである。二二年前（二〇〇二年）に創設された、女性による女性のための文学賞が、今や日本の出版シーンを圧巻している。直木賞受賞の窪美澄《みすみ》、二〇二三年『成瀬は天下を取りにいく』で鮮烈なデビューを飾り、のちに本屋大賞を受賞した宮島未奈もみんなR‐18文学賞出身者だ。豊島ミホ、吉川トリコに彩瀬まる、山内マリコ、蛭田亜紗子……同賞出身の著名な作家をあげていけば、きりがない。

かくなる私はデビュー前にR‐18文学賞に応募し、落ちている人間だ。だから、今なお憧れがあり、同賞の魅力は誰よりも知り尽くしている。

一言で言うと、この賞はどこよりも早い。女性同士が分断されない展開、同意がある主体的なセックス、地方都市の風景をちゃんと描くこと、恋愛や青春を過剰に尊く描かないこと、さらにそれらを読者に寄り添うような語り口で紡ぐこと。いずれも、みんな同賞の出身者たちがこの二二年間で定着させたことだ。

さて、二〇二四年、同賞の黎明期を支えた功労者、南綾子と宮木あや子原作のテレビドラマ

が同時期にスタートした。『婚活1000本ノック（婚活）』（ニシオカ・ト・ニールほか）『推しを召し上がれ〜広報ガールのまろやかな日々〜（推し）』（阿相クミコほか）である。

孤独も不安も包み隠さず、時にコミカルに時にハードボイルドに、巧みな語り口で読者を深淵にまで連れて行く南綾子。耽美な女たちの世界とお仕事小説を華麗に書き分ける宮木あや子。作風は違うのにどういうわけか、今回はよく似た構造のドラマになっている。どちらもヒロインに寄り添っているのが「主人公あるいは視聴者にだけ見えるもの」なのだ。

『婚活』では、南綾子本人をモデルにした主人公（福田麻貴が南綾子本人の仕草や喋り方を完璧にコピーしている）の婚活をサポートするイケメン幽霊・山田（八木勇征《ゆうせい》）。『推し』では食品メーカーの一年生、朋太子《ほうだいし》由寿《ゆず》（鞘師《さやし》里保）を宿主と慕う乳酸菌（橋本さとし）。南綾子に幽霊は見えるし対話もできるが、由寿に乳酸菌は見えないし対話は不可能、という違いはあれど、二つの物語には大きな共通点がある。どちらも「主人公あるいは視聴者にだけ見えるもの」のサポートが、あまり役に立たない点だ。

例えば、『婚活』の幽霊・山田の、一般的にモテるためのアドバイスは、結局は本能に従うのをよしとする南綾子にとってはほとんど意味がないものだ。原作だとより顕著なのだが、南綾子の婚活も、結婚というより、自分を、ひいては他者をどうやったら信じられるようになるかの戦い、だったりする。

『推し』の乳酸菌は、由寿の世話を焼きたがり、いつもヤキモキしているが、由寿は勤勉で、そもそもサポートを必要としていない。由寿にとっての幸せは、かつて岩手で被災した時に食べたチョコレートのメーカーである現・勤め先に貢献すること、尊敬する「おでん先輩（バッファロー吾郎A）」に会うこと、終業後は自宅で乳酸菌BLを楽しむことなので、いずれも働き続ければ無理なく叶うことである。由寿のオタクぶりに、一見キラキラして見える同僚たちが自己開示していく様も嬉しい。これはヒロインの成長を見守るというより、その日々を愛でる贅沢なドラマだと思っている。ちなみに、ドラマだとサラッと扱われているが、原作では由寿の好む乳酸菌同士のBLにかなりの枚数が割かれている。これがかなり壮大かつ血なまぐさい戦記もので、初めて読んだ時、びっくりした。

こうしたところが「主人公にだけ見えるもの」サポート成功例ドラマ『プロポーズ大作戦』とは大きく違っている。妖精役の三上博史の手助けで主人公を演じる山下智久がつかむのは、マドンナ役の長澤まさみとの恋愛成就だ。妖精はやや強引なものの、その魔法はちゃんと役に立つし、幼馴染みの長澤まさみは苦労して手に入れるだけの価値がある女性だ。一点の曇りもない王道のサクセスものである。

このように「主人公にだけ見えるもの」に期待されるのはこれまでわかりやすく「役に立つ」ことだったのだ。これを南&宮木原作ドラマは「寄り添ってくれるもの」として提案し直している。社会的成功や恋愛成就が必ずしも安定とは限らない現代、我々が一番求めるのは、役に立つアドバイスよりもどんな最悪な状況であれ、そばにいてくれる誰かなのではないか。

さて、軽快な恋愛ドラマに思える『婚活』だが、そこで描かれるのは、自分の欲望に向き合うという、シビアなテーマだ。第二話で南綾子は、内面的にすぐれた男性の外見を愛せずに苦悩し、丸々一時間、視聴者は南綾子の欲望の形に付き合うことになる。こんなドラマ見たことがない。考えてみても、顔のいい男が好きだ、とはっきり女主人公が言い切る国内ドラマ、幾つあるだろうか。面食いな女性キャラクターがいたとしても、コメディリリーフで、その欲を作り手に肯定されるケースはあまりない。イケメン好きを公言し人生を謳歌するキャラクターといえば、そう、『地味にスゴイ！　校閲ガール・河野悦子』の河野悦子くらい。原作者はなんと、宮木あや子である。結局のところ、南綾子は痛い目にはあうが、自分の欲望を否定はしない。ここが新しい。さらに第三話目では、憎いライバルだった売れっ子作家、九本凛（関水渚）にもまた幽霊がついていると判明する。原作にはない展開だがとにかく攻めている。

この「眩しい存在であるあの子にも、自分と同じことが起きている」というストーリーで思い出すのは『めんつゆひとり飯』（23、遠山絵梨香ほか）だ。手抜き上手で料理はなんでもめんつゆ一本で作ってしまう、面堂露《めんどうつゆ》。同僚で秘書の十越いりこ（山口まゆ）は正反対の几帳面な性格、手の込んだ料理を得意とする。露が自宅で料理をする時、なぜかキッチンに必ずいりこの幽霊（のようなもの）が出てくる。その徹底的に無駄を省いた工程に「手でちぎるの？」などと驚かれたりするが、露は実際には隣にいないいりこを「心の十越さん」と呼び、一緒に調理をすることを楽しみにしている。物語が進むうち判明するのだが、なんと、いりこの方にも露の幽霊（のようなもの）が見えているのであった。いりこもまた、自分の凝りすぎる料理を露に驚かれることを喜びとしていた。この生き霊シスターフッドは飯テロジャンルとして画期的であった。ちなみに露を演じるのは『推し』主演の鞘師里保。めんつゆ料理を美味しそうに食べ、マイペースに一人で過ごす幸せそうな顔が買われての抜擢だったのかな、と私は睨んでいる。

私は、R－18文学賞出身者みんなが、作風が似ていると言いたいわけではない。しかし、どの作家を読んでみても、違う環境にいる女性が分断されないこと、女性の欲望が肯定的に描かれること、は出身者全員がクリアしている。それは女による女のための文学賞が切り開いた功績だ。それぞれ違うのに、描かれている世界がどこか共鳴し合っているのがファンからすると胸熱で、ますますその活躍からは目が離せないのだ。

＊

二〇二四年五月の今、第二三回R－18文学賞の贈呈式を終え、あれこれ考えているところだ。この賞の個性は初期の選考委員である角田光代（彩河杏名義）、唯川恵、山本文緒の三人がコバルト文庫出身であり、少女のための文学から出発していることが大きいのではないか。そこでまだ若い書き手が互いに助け合い、さらに一般文芸に進出し成功を収め、これまであまり日本文学に登場しなかった女性読者に寄り添うキャラクターが多数生み出された。そういったことを、いつかきちんと書きたいと思う。

第39話

社会問題に正面から切り込む姿勢は、日本ドラマの分岐点となるか

以前、『anan』の対談（二〇一九年一月一六日号）の中で、宮藤官九郎が『池袋ウエストゲートパーク』とともにやってきた二〇〇〇年を境に、日本のドラマはクドカン前・クドカン後と分けて考えた方がいいほど、はっきりと変わった、と私は話した。飛び交う固有名詞、ストリートの若者達の生き生きした生態、汚れた街。日本ドラマの息苦しさを嘲笑《あざわら》うかのような複雑で痛快なプロット。社会問題を一歩引いたスタンスで眺め、そんなことよりも仲間と笑い合うこの瞬間を最高にクールに描き出す彼の作品に、私は熱狂し続けたのである。

さて、クドカン台頭から二四年後の二〇二四年四月、一本のドラマが誕生し、この時代がとうとう終焉を迎えた。朝の連続テレビ小説『虎に翼（トラつば）』である。『虎に翼』以降、明らかにドラマが、いや、日本そのものが変わるだろうな、という確信があり、リアルタイムで立ち会えたことを幸せに思う。

物語は一九三〇年代、女性に参政権もなければ司法に携わる資格も取得できなかった時代、日本で最初の女性弁護士となる三淵嘉子《みぶちよしこ》をモデルとした猪爪寅子（伊藤沙莉）が、仲間達と手を取り合いながら、時代を変えていく姿を描き出す。法科の女子部の面々が素晴らしいのはもちろ

ん、家庭で生きる母（石田ゆり子）や兄の妻（森田望智）の生き方も否定されないし、通行人の女性、一人一人にまで物語が広がっている。従来の王子様像とはなにもかも違う、有能さを振りかざさない、どこまでも優しい優三さん（仲野太賀）のキャラも画期的だ。最初は主人公を抑圧する側として現れる男性陣たちも皆、一筋縄ではいかない魅力や奥行きを持ち合わせ、反省したり、成長したりしていく姿も描かれる。スカッとした法廷劇で存分に引き込みながら、この時代の法律がいかに女性の人権を無視してきたかを、どんなスタンスの視聴者にもすんなり呑み込ませるプロットが、私には学びしかない。朝ドラや時代ものでよく見かける明治村らしきセットが多数登場するが、どこか風景にノスタルジーと透明感があり、小道具も消え物の料理までいちいち新鮮さを感じる。

共同親権や改憲問題、外国人排斥といったトピックがニュースに持ち上がる度に、まるで充ててきたかのようなストーリーが展開され、過去と現在が地続きで、なんら変わらない面も、そうかと思うと先人たちの努力で良い変化が起きた面もあると、気付かされる。回を追うごとに、こちらの世の中への解像度まで上がっていく。なによりも、脚本を務める吉田恵里香の一歩も引かない勇気とフェミニズムが素晴らしい。どの台詞からも、社会をより良くしてきた先人に自らも続く意志がみなぎっていて、作り手としてリスペクトと共感でいっぱいである。本当に本当にありがとうございます、とこの場を借りて申し上げたい。

これまでこの書籍で取り上げてきたフェミニズムを感じさせるドラマを私はみな、愛している。数字や玄人筋の評価、ソフト化や配信の有無はどうでもいい。そうした作品がなければ『虎に翼』は生まれなかったし、全部貴重なともしびで、リアルタイムで視聴していた私が功績を語り継がなければいけないな、と強く思う。でも、あくまでも既存のルールの中で、せいいっぱいフェミニズムを感じさせてくれた愛しいドラマ達であり、フェミニズム作品というのとは、違っていたのだな、と気付かされて、ハッとしている。知的で情熱家、異なる意見がある相手とでも議論を交わし、思考を行動に変えていく寅子を見る度に、私の胸の中をたくさんのヒロインたちがよぎる。日本ドラマで知的な女性といえば『ケイゾク』の柴田（中谷美紀）や『家売るオンナ』の三軒家（北川景子）のようなコミュ障気味でドジな面もある無表情な天才が人気だったことを振り返ると、それこそ異国で参政権を手にしている女性を見て仰天し、奮起した明治時代の津田梅子の気持ちまで、わかるような気がするのだ。

さて、『虎に翼』スタートの前月に終了したのが、冒頭に取り上げた、宮藤官九郎の『不適切にもほどがある！（ふてほど）』だった。この二本のドラマが背中合わせだったことは、日本ドラマ史において、もしかすると百年語り継がれる、分岐点になるかもしれない。

ギャラクシー特別賞（第六一回ギャラクシー賞テレビ部門特別賞・三月度月間賞）を受賞した『不適切にもほどがある！』は、八〇年代から現代にやってきた体育教師（阿部サダヲ）が、ポリコレで息苦しい現代をひっかき回し、生きづらさを抱える人々を救っていくコメディである。絶賛の声も多数あるが、私はバックラッシュ作品だと思っている。物語の中で、声を上げる人々やフェミニストが極端な愚か者として描かれ、茶化され、「寛容になれ」と高らかに謳われる。時代が少しだけ進むと揺り戻しとして機能するバックラッシュ作品は、マイノリティがようやく手にした権利をこき下ろしたり冷ややかかに引いて戯画化したりすることで、新しい価値観についていけない層に溜飲を下げさせる役割がある。これまでハリウッドでも多数作られてきて、その時は絶賛をもって迎えられるが、すぐに記憶から忘れ去られてしまう。ゆえにバックラッシュ作品は繰り返し作り続けられてしまうという負の構造を持っている。

二〇〇〇年、新宿シアタートップスでウーマンリブvol.5『グレープフルーツちょうだい』を見てからというもの、クドカン作品を愛し続けてきた私が、彼の作品をこんな風に批判しているのが信じられないし、彼のギャグでまったく笑えなくなったことも信じられない。私だけでなく『ふてほど』放送時、「クドカンは絶対にひっくり返してくれる」と信じて、ズタボロになりながらも視聴を続けたクドカンファンがSNS上でかなりいた記憶がある。ところがクドカンは最終回までスタンスを曖昧にしたため、辛い気持ちだけが燻り続ける結果となった。真っ向から批判したら「コメディなのに本気で怒るな」「別に今の時代が全部ダメとも昔が全部いいとも言い切っていないだろ?」というような言い訳を巧妙に用意している点が、たぶん、評価につながったのだろうな、と私にはわかる。少数者がようやく勝ち得てきた権利をからかうクドカンに勇気があると言う人たちは少数派側の「盾」になろうとする吉田恵里香を見て、なにを思うのか。ただ、そういったのらりくらりとして真っ向勝負を避けるようなクドカンがかつて洒脱で輝いていて、それをもてはやしていた自分がいるのも事実だ。

しかし、『虎に翼』をもってして、のらりくらりはかっこいいのではなく、ただ単に卑怯かつ不勉強なのだとバレてしまった。この二〇二四年をもってして、クリエーターが社会問題に対して声を上げがないのがスマートだった時代はもう完全に終わったのだと思う。ニュースに無関心なのは致命的欠点というターンがやってきた。

大好きだったクドカンから離れる自分に私はまだまったく慣れていないが、今後『トラつば』がなにを描いていくのか、そして放送終了後、どう社会が変わっていくのかが、今から楽しみでならない。

＊

二〇二四年八月末『虎に翼』はまだ終了していないが、今も夢中だ。ただ現在放送中のクドカンドラマ『新宿野戦病院』とキャストがかなり重なっている点は割と複雑である。

番外編

ファンとして、脚本家志望者として、原作者として

大学時代に出会ったずっと大好きなドラマ

今でも鮮明に覚えているCMがある。二〇〇一年九月一九日。深田恭子（深キョン）主演の傑作『ファイティングガール』（神山由美子）の最終回、ユンソナ（亜美役）と深田恭子のぶつかりあってばかりの一夏の友情の結末に泣いていたら、突然まったく違う世界観の新ドラマの宣伝がブチこまれ、目をパチクリさせたのだ。

「水曜日の夜、男は獣になる」がキャッチコピーで、パリッとした服装におしゃれな髪型の本木雅弘（モッくん）が登場する。どうやらしっとりした大人の恋模様が描かれる様子で、当時大学生だった私はあんまり興味が持てず、来週からはこの時間はもういいや……とテレビを消そうとした瞬間、アッと声が出た。本木雅弘の相手役、それが天海祐希だったのである。もちろんモッくんとはお似合いすぎるくらいお似合いなのだが、たった今見終わったばかりの『ファイティングガール』に天海祐希はレギュラー出演していたのだ。それも自己肯定感の低い、メガネをかけた事務員で、深キョンに振り回されてばかりの役柄だった。最終回の前話（11話）では美しくドレスアップして上司役のショーケン（萩原健一）をアッと言わせるのだが……。さっきまで猫背でビクビクしていた天海祐希が、モッくんの隣で、日本のテレビドラマとしては相当珍しいシックで上質な硬い素材の服を身にまとい、マットなメイクで微笑んでいるのだ。

2クール続けて同じ時間に、まったく違う役柄で、そして急速に主役に近づいている。宝塚退団後、フルスピードでスター街道をひた走っていた彼女の最大瞬間風速を目の当たりにした思い出である。しかし、この時の私は、一〇月の水曜日に始まることになる本作『水曜日の情事〜a Wednesday love affair』がずっと大好きなドラマになるとはまったく思っていなかったのである。

『水曜日の情事』はざっくりいうと不倫の話だ。編集者の佐倉詠一郎（本木雅弘）は、担当作家・前園耕作（原田泰造）に恋愛小説を書かせるためにはなにか材料となるエピソードが必要と、最愛の妻・あい（天海祐希）の親友・操（石田ひかり）の誘惑にあえてのってみせるが……。こう書いてみると、全然好きな話ではない。でも、「こういう風になるだろう」と思うと必ず裏切られる作りだから、だまされたと思って見てみてほしい。なにしろ脚本は天才・野沢尚だ。

ミソジニー（女性蔑視）全開のドロドロドラマだと思って二の足を踏んでいる人に、私は全力で主張したい。これはモッくんを天海祐希と石田ひかりが奪い合う物語ではない。天海祐希と石田ひかりの強烈なラブストーリーからはねとばされたモッくんがずっとそばにいてくれた原田泰造と手を取り合う物語なのである。キャスティングからして示唆的なのだが、そもそもモッくんと天海祐希が並んでいても、夫婦とか恋人という感じがまったくしない。強い絆で結ばれためちゃくちゃかっこいい二人組にピカーッと後光が差している、そんなイメージ。

そんな名コンビを影からじっと見ている、テレビのこちら側の存在が操である。ファーストキスの相手があいだった、いじめを受けていた時に助けてくれたのがあいだった、操はしつこいくらいに過去の話を持ち出す。ものすごく自慢げに。詠一郎とベッドに裸で並んで横たわっていようが、まだあいの話をしている。アンタ、いい加減、あいの話するのやめなよ!!

操にとって生涯手に入らないヒーロー、どんな男も決して敵わない完璧な王子様、それがあいだ。操の究極の目標は、あいに勝つことではない。あいにとってほかに変えのきかない特別な存在に自分がなること。親友でもダメ、恋人でもダメ、家族でもダメ。そのもっともっと上の、まだ誰も名前をつけていないような、スペシャルな存在になることだ。とはいえ、操は可憐なだけのどこにでもいる普通の女。でも、操にはたった一つだけものすごい特技がある。それがセックスだ。

日本のドラマにおいてセクシーでモテる女性は数多く描かれるが、誰もが納得するほどセックスがうまい女性というのを私は操以外知らない。ドラマの中で繰り返し「操はアッチがすごいんだ」ということが語られるが、これがまったく湿った感じがなく、「あいつ素手で瓦三〇枚割れるらしいよ」かのような扱われ方をするところが品があって好きだ。操はこの唯一の特技を武器にして、あいの周りの男を次から次へと抱きまくる。最初の犠牲者は、まだ一〇代のあいの実弟・明洋。どうやら操は彼を足がかりにして一度はあいの家族に成り上がろうとしたフシがある。しかし、操のテクニックのせいで彼の人生は狂ってしまい、行方をくらまし、簡単にいうとトンチキな大人になって戻って来る。演じるのは谷原章介。大切なものをあきらめたようなボンヤリした目がとてもいい（作家デビューして初めて情報バラエティ番組『王様のブランチ』に出演した時、谷原章介が司会者だったので、私が大はしゃぎしたのはいうまでもない）。

石田ひかりが愛しているはずのモッくんにほんの時たま殺意に満ちた視線を向けるのも素晴らしいし、原田泰造がモッくんの不倫をたしなめながらも、その実、彼が喜べばはしゃぐし、悲しめばどんより沈み、原稿を褒められれば異様に嬉しそうな顔をするのもいい。

さて、操の目的とはあいを振り向かせて生涯自分のそばに置くことだが、それでは肝心のあいは操をどう思っているのか？　憎んでいるのか、うざいと思っているのか、本人の言葉通り、負い目があるのか？　これがなかなか明かされないのだが、その回答にいくつもの解釈が可能なのもすごい。一つ明快なアンサーがあるとするならば、ラスト間際、教会でウエディングドレス姿の操の手をとって入場するのは、あいである。そして直後、操はなんの前触れもなく詠一郎をボロ雑巾のように捨てるのだ。

主題歌の久保田利伸「Candy Rain」はイントロだけで、切なさを正露丸にして水なしで飲み込まされるような名曲だ。『テレビライフ』（二〇〇一年一一月二三日号）のインタビューで、久保田利伸は本作のプロットを読んでからこの曲を作ったと述べている。私にはあいの気持ちで書かれた曲に感じた。もともと好きだったけれど、この瞬間、私の彼への信頼は揺るぎないものになった。

『水曜日の情事』の最大のよさは、何度見直しても新たな美点を発見できるところだ。日本のドラマとしては珍しく、ロケ地がものすごく的確。うなぎとかクリームシチューとか食べ物が本当に美味しそう。登場人物がそれぞれのキャラクターにあった趣味や言葉遣いをしていたり、ポリシーをわからせる手段として卒論のテーマがでてきたり、それぞれの年収にふさわしい服装や住居なのもありそうでなかなかない。あと、ここ一〇年で再確認した長所なのだが、作家や出版界の描き方がかなり真実の姿に近い。編集長・大森年宏役の田山涼成が出版不況を嘆いて唐突に「文庫本くらい買ってくれよォ！」と叫ぶシーンを、なにかの拍子に時々思い出す。

＊

『水曜日の情事』はやはり今なお好きなドラマだ。ＦＯＤで配信されるようになり、人にすすめやすくなっている。

「彼」自身の言葉で、語るべきではないか

二一年間「推し」ていた有名俳優が性加害をしていたことが一週間前（二〇二一年八月二五日）に報道された。

「彼」のファンだと常日頃公言していたせいで、マスコミ各社からの原稿依頼はあとを絶たない。そのほとんどが「推しが性加害者になった時、ファンである私達はどうすればいいか？」というものだった。

私はこの件をどうしてもこの連載コラム（「とりあえずお湯わかせ」）で書きたいと思い、ほかはすべて断った。被害者の方が読んでいる可能性も考慮して、あの「彼」ではなく、できるだけ私自身の日常の話をしたい。

私の一番初めの記憶は、酒に酔った父に肩車され、横浜中華街の店先から下がっていた看板に激突して、地面に叩きつけられたというものである。長い間、笑い話だったが、あれいろいろやばかったんじゃないか？と思い始めたのは本当にごく最近である。

大酒飲みでほぼ毎晩午前三時にならないと帰ってこないことと、母が家庭の外に出ることを

異様に嫌がることを除けば、私の父は明るくて、気前がよく、優しい人だったと思う。私は可愛がられていた。絵本をたくさん読んでもらえたこと、週末ごとに映画に連れて行ってもらえたことが、今の職業に結びついている。だから父には、間違いなく感謝している。金銭的にも、学生時代は何不自由なく暮らさせてもらった。にもかかわらず、私は父が亡くなった時、心底ほっとした。

なぜかというと、父の感情は常にジェットコースターだったからである。機嫌が良いかと思うと次の瞬間、怒り出す。見極めたくて一度「父の感情怒号線」グラフを作ったことがあるが、法則はわからずじまい。酔っ払って暴言を吐く。酔ってなくても意味不明な言葉を突然、叫ぶ。一時間以上洗面台の水を出しっ放しにして、それをただ立って見ている。二人で歩いていると、どんどん先に行ってしまい、しまいには見えなくなる。母はいつも疲弊していて不安そうだった。罵倒されることが当たり前の暮らしを長年送っていたせいか、今なお、緊張が解けていないところがある。

私はこの家庭環境を少しでもプラスにとらえよう、居心地よくしようと、割と早い段階から意識的に行動していた。すなわち父をご機嫌にしておくこと。父の口癖「今日、なにか学校で面白いことがあったか？」が出てきたら、少なくとも起承転結のしっかりした五パターンのストーリーを用意しておく（話をメガ盛りする癖はこの時ついた）。エピソードを作るために自ら無謀な行動をとったりもした。本や雑誌を読み漁り、父のあらゆる感情の変化に対応可能な豆知識を用意しておくことも忘れない。例えば、父がテレビで嫌いな芸能人を見て激昂したら、その芸能人の隣にいる俳優のものすごく変わったエピソードをぶつけにいく、といったファインプレーで場を収めた。笑い声が入るタイプのアメリカのホームコメディはめちゃくちゃ参考になった。登場人物全員が息を吸うように創作物の引用をし、固有名詞を駆使し、情報量がすごいやつ。そんなわけで「父親にはちょっと心にムラがあるけれど、それ以上に超ハイテンションでおしゃべりな娘のいる、基本的には幸せな家庭」はある程度キープできていたと思う。私が社会人となり、母が家を出て行くまでは。

私の供給する、いきいきしたエピソードと母に当たり散らすことでかろうじて保っていた父の自尊心は崩壊。今まで以上に飲み歩くようになってすぐに倒れたり、挙句には入院したりするようになった。その度に、私はいろんなお土産を持って駆けつけて看病し、病室にいた医療従事者も噴き出すような、面白エピソードを披露して重苦しい空気をガン無視した。それにしても、ひとりぼっちになった病床の父を見下ろしているのは、看板に激突した時より、痛かった。ケアしてほしいのに誰にもケアしてもらえない惨めさを父は隠そうともしなかったので、私は仕事を減らして彼と一緒に住むことを割と本気で考えていた。そんなある日、部屋で一人で死んでいるところを私は発見する。

あれから一〇年近く月日が流れ、「モラハラ」という概念も世間に浸透した。私の父に対する印象も日々少しずつ変化している。

横暴だった父親が死後、表現が不器用だっただけで本当は善人だったとわかる物語はこの世の中に溢れていて（それに気付かなかった主人公が成長を要求される）、具合が悪くなりっぱなしだったが、ポール・オースターの『孤独の発明』という本にはおおいに救われた。著者の父が死に、遺品の整理をするのだが、生前さっぱりわけがわからなかった父のことを死後調べてみてもやっぱりわけがわからなかった、なんなんだあいつ⁉という結末は私に元気をくれた。さて、『孤独の発明』と同じくらいに私を救ったのは、間違いなく「彼」であった。

テレビドラマで出会った二〇〇〇年代、「彼」は、私がもっとも苦手としてきた、コンプレックスを抱え、女性への嫌悪がうっすらにじむ惨めな男性を頻繁に演じていた。私が一番直視したくないはずのものなのに「彼」の演技であれば、それをフィクションとして楽しむことができて、びっくりした。それからまたしばらくして、「彼」は威圧的な大声でわめきちらす権力者を多く演じるようになる。一番苦手で、本当なら胃がえぐられるはずなのにそれが「彼」であれば、あはははは！と大喜びすることとできた。わかりやすく言うと、「彼」は私にとってディズニーランド。私はジェットコースターもお化け屋敷も怖くて仕方ないのだが、「ビッグサンダー・マウンテン」と「ホーンテッドマンション」はあの中で暮らしたいくらい大好きである。あまりにも精巧に作られていて、設定がしっかりあって、ちょっとだけコミカルな要素もあり、安全が担保されているからだ。作家デビュー以来、複数の芸能関係者の証言から普段の「彼」はどうやら真面目で勤勉な人物らしい（私のこの調査は今、めちゃくちゃ甘かったとわかる）と教えてもらい、安心もしていた。家父長制をオーバーな演技でカリカチュア化し、怖いものではなくしてくれる「彼」は、私にとっては救世主だった。この楽しみ方にはかなり罪悪感があったので、「彼」の舞台や手掛けるアパレルブランドにはお金を落とすようにしたり、機会があれば褒め称えたりして、バランスを取った。

ちなみに私の友人のほぼ全員が、もう日本のコンテンツに背を向けていて「そういったトキシック・マスキュリニティ（有害な男らしさ）演技がうまいおじさん俳優は、海外にはいくらでもいるよ！　こっちに来いよ！」とたくさんの名優を教えてくれたが、私は全員ダメだった。あくまでも褒めているのだが、海外の名優は演技が自然すぎて、本物そっくりで怖かったのだ。特に韓国の俳優さん。韓国の若くない男性が丁寧に演じる「家父長制の支配者」はいつもリアルすぎて、私は具合が悪くなる。お気に入りのお仕事ドラマを見るのを泣く泣く中断したことさえある。

その点「彼」は絶対に「作り物」だとわかるところがいい（今回それが「本物」とわかったわけだが）。みんなは暑苦しいとかオーバーだと言うけれど、私はそこに癒された。生活することの恐怖が減った。少なくとも「彼」の演技がなかったら、二〇一〇年代はごくごく当たり前だった、酒に酔った年長者が突然若手にキレ始める文学賞パーティーに頻繁に出かけて行って「今日は怖かったねー!!」と同業者たちと笑いながら帰ってくることは不可能であった。なによりも、「彼」が実の父親とうまくいっていない事実が、私の心をブチ上げてしまう。あんなに成功した男性が人生をかけて歩み寄っても、父親とうまくいかないことがある、というのは私にとって一種のお守りであった。感情のドーピング行為とも言えよう。

そこで冒頭の、私に来た複数の原稿依頼の内容を思い出していただきたい。

おそらく今、私はこうした文章を期待されているのではないか。

「私は今とてもつらい。でも、「推し」が性加害者になった時、応援していた自分を責めるのはやめよう。推していた時間は宝物だ。彼の作品に感動した自分を許そう。確かに、有害さに気付かなかったうかつさはあるが、私自身が誰かに加害をしたわけではない。ただ反省として、私は今後、性加害者を推さないように、誰かを応援する時は、その人のジェンダー観や普段の言動、差別発言をしていないかどうか、感覚を研ぎ澄ませ、時間をかけて、表に出ていない情報を含め、しっかり精査しようと思う。そもそも、会ったことがない誰かを好きだと公言するのは、危険な時代がやって来たのかもしれない」

依頼した出版社さんが悪いと言っているのではない。だって私も今、そんな記事があったら絶対に読みたいし、許された気持ちになる。学びにもなる。今後の指標とするために、プリントして壁に貼るかもしれない。が、しかし、それでは自衛の啓蒙ではないだろうか。それも女性限定のやつ。「盗撮に気をつけましょう」とめちゃくちゃ似ている。

そんな風に思ったのは、ここ数日ご飯も食べられない私を心配し、お茶に連れ出してくれた、ある尊敬する人の言葉のおかげだ。

「なんかさあ、こういう時、言葉を要求されるのは、被害者側に立つ人たちや被害者なんだよね。性加害者は黙り込んで、ただ時が過ぎるのを待つ。だから私たちは永遠に、どうして加害が起きるか、そのメカニズムを知らない」

というものだった。

そうだった。語るべきは「私」や「私達」ではなく、「彼」自身なんじゃないのかな？　性加害が報道された時、被害者や被害者に寄り添う人たちは命がけで自分の言葉を絞り出す。連帯の意を示し、ある人は事件と無関係にもかかわらず今後こんなことが起きないように自戒を口にする。互いを思いやり、知恵を分け合い、みんなで身を削る。

「彼」のファンだった私に原稿依頼多数という現状は、あまりにも加害が当たり前だから、よっぽど気を付けていないといつの間にか加害に加担させられかねないこの社会を、個人の知恵や直感やセルフケアでなんとか生き抜いてくださいと、とぶん投げられていることの表れではないか。「同じ人間の中に天使も悪魔もいる。人は割り切れない」というのは昔からよく聞く考え方だ。でも、正しさで人を殴るなとは言われるが、そもそも今の日本ってそんなに民主主義的だっけ？

「彼」自身がどうして自分が加害に至ったか、どんな心情だったか、そして今、なにを考えているのか、自分の言葉で語るべきなんじゃないのか。

推しが消えて私の暮らしは信じられないほど、静かになった。いろいろ捨てて、部屋も広くなり、がらんとしている。私はここから、自分の悲しみや傷を、茶化さずエンタメ化せずにただ向き合う、といった日常にだんだん慣れていかないといけない。

九月になった。最近、父の写真をやっと直視できるようになった。

＊

その後、ポール・オースターも亡くなり、その息子が父親と複雑な関係であったことを知った。

原作者が尊重され、守られるように

テレビドラマにもなった漫画『セクシー田中さん』の作者・芦原妃名子さんがお亡くなりになった。映像化にあたっての条件が守られず原作が改変されてしまい、それを防ぐため自ら脚本を書くなどして、心身ともに疲弊していたことが背景にあるようだ。私はドラマも原作もその違い含めて楽しみにしていたので、事情を知って、申し訳ない気持ちになっている。

作品を守るためには、原作者がたった一人、身を削らなければならなくなる孤独も、その時に制作サイドに面倒がられる悲しさも、痛いほどわかる。同時に、こうしたことが起きてしまう制作サイドの構造もよくわかる。というのも私は、大学生の頃、テレビドラマ業界であらすじを書くアルバイトをしていたためだ。

両方の立場を経験した人はあまり多くないと思うので、書く責任があると思う。

（ここから先は、約二〇年前の私の回想となる。人の命が奪われ、社会的ショックが大きな事件で、ふざけたことは書きたくない。しかし、結論に向かうためには、二三年前の私が書いたあるプロットに触れないわけにはいかず、それが相当ふざけているので、そういったことを今読みたくない方は最後の段落だけ読んでほしい。見つけやすいように「★」を打っておく）

★

二三年前（二〇〇一年）、大学生の私はテレビドラマの脚本家を目指し、教室に通い、そこで紹介された制作会社のようなところでバイトし、原作になりそうな漫画や小説を探し、映像化の企画書を書いていた。

子どもの頃から小説家になりたかったが、小中高通してついに一本の小説も完成させることができず、自分にゼロから物語を構築できる力はないと諦めた。そこでテレビドラマの脚本家になろうと方向転換した。

というのも、九〇年代、テレビドラマは原作ものが花盛りだったのだ。さらに、今の時代からは考えられないくらい、原作とドラマが別物だった。たとえば、女性監察医たちの活躍を描いたドラマ『きらきらひかる』（98、井上由美子）も、原作漫画が九〇年代末に始まったバリキャリ女性行政書士とフリーター女性の友情もの『カバチタレ！』も、原作はシスターフッドというわけではなく、重要なキャラクターの性別が違ったりする。『東京ラブストーリー』に至っては、原作のリカと鈴木保奈美のリカに別人感さえある。もしかすると、原作者さんには忸怩たる思いが、あったのかもしれないが、そこはまだ可視化されておらず、私は「すぐれた原作を脚本に起こして、自分らしさを足すのだったら、私にもできるのでは？」と浅く考えていた。

そんなわけで、制作会社で「一週間に一～三本、ドラマ化できそうな原作を見つけて、企画書にまとめて。企画が通ったら、もしかすると、一一話（当時のテレビドラマは全一一話が主流だった）のうち一話くらいは、執筆できるかもしれない」と言われた時、私は待ってました、と本屋に走った。

その時の景色を今でも覚えているのだが、見渡す限りの本が、全部ドラマになる可能性を秘めている宝石に見え、ワクワクした。この世はでっかい宝島。私は片っ端から、映像化に向きそうな小説をハンティングする。

当時、私はフランス文学科で、不倫とか悲劇的恋愛を描いたフランスの名作小説をウンウン唸って摂取していたのだが、二〇〇〇年代初期、同じ景色を見つめている日本の女性作家たちが描く小説をここで読み漁ることになる。面白い！　山本文緒に恩田陸――。主人公がいきいきとした物語。女の人がすぐ死ぬフランス文学より断然好き！　この人たちの小説をそのままドラマにすればもう、成功じゃないか！

私は寝る間を惜しんで、これぞという原作をポップな企画書に仕上げていく。一ページ目に物語を一言で表すわかりやすいキャッチと企画意図、だいたいのストーリー、二ページ以降には原作を元に一一話分のプロットを書く。すぐ慣れた。

（それからわずか一〇数年にして、自分が勝手に企画書を書いてきた作家達に出会い、同業の後輩として接するようになるとは、この時の私は知らない）

しかし――。

「君の企画書は面白いけど、これ、ただ単に原作のプロモーションじゃないか」

これはあるプロデューサーに言われたことだ。

そうなのである。先輩であるプロの脚本家さんたちは原作をちゃんと生かしつつ、自分らしい物語を構築したり、オリジナルキャラを生み出したりしていたのだが、私はただ単に原作の良さだけギュッと詰めて「この作品を今どこよりも早く映像化すべき一〇の理由」「この作者のここがスゴい」と熱く解説することしかできなかった。脚本家というより、これではビブリオバトル（書評合戦）である。そんなわけで、数えきれないほど企画書を書いたが、一本も通らなかった。これはよく業界で言われることだが、プロットばかり書いていると、オリジナルの物語を構築する技術は身につかない。そうしている間にもまめに応募していたシナリオ・コンクールでは落選ばかりだった。

（しかし、それから一〇年以上の時が流れ、書評仕事を引き受けるようになった時、本を爆速で読み、最大限に魅力を伝える能力は、ちゃんと役には立つようになるのである）

私のような人間は、原作ではなく、オリジナル企画で勝負するしかなさそうだ、とようやく気付く。そうだ。賞を取らずにいきなりオリジナルでデビューできる人もいるにはいるではないか！　今は事情が変わっているかもしれないが、当時は『世にも奇妙な物語（世にも）』の企画書コンペで勝ち抜くことが一つの方法であった。あの北川悦吏子さんも『世にも』の脚本で注目されたことは有名な話である。

新人プロットライターたちのブレイキングダウン、それが『世にも』！
そこで次クールの『世にも』スペシャル企画に出せそうなやつ、なにかない？とプロデューサーが口にしてすぐ、私は渾身のオリジナル物語を書き上げ、提出した。今手元にあるので、要約して書き写そうと思う。当時大好きだった、ともさかりえ主演ドラマ『ロッカーのハナコさん』（これも漫画原作）に多大な影響を受けているのはご愛嬌である。

『バブルさん』

〜ロッカーの向こうはキラキラした花金のＴＯＫＹＯ!?
平成ＯＬはシンデレラの約束を守れるのか〜

日々に疲弊する派遣ＯＬの奈美は、会社で同僚から白い目で見られている、年齢不詳のトサカ頭厚化粧ボディコン姿のベテランＯＬ「バブルさん」に誘われ、終業後、彼女のロッカーに入る。長い階段を降りた先には、バブル期の東京が広がっていた。現代ではイタいバブルさんのファッションもここではむしろ最先端！　二人は踊り狂い、男たちに奢らせ、夢のように楽しい時間を過ごす。一二時までにロッカーに戻らないと現代に戻れない、とバブルさんは何度も忠告するが、奈美は回を重ねるごとに、だんだんと帰りたくなくなり、最後は「この時代に残る」と決める。すると、バブルさんは重大な真実を告げる。実は「バブルさん」という役割はもう何代にもわたって受け継がれてきて、自分の前にも何百人ものバブルさんがいたそうだ。役目を終えるには、現代に生きる女性を過去に誘い、バブルの時代に残ることを選ばせ、生贄としてTOKYOに差し出すしかない。すると、現行のバブルさんは次のバブルさんに切り替わるのだという。「私も以前はあなたと同じような平成の派遣で、毎日つまらなくて、前のバブルさんに誘われてここにきた。楽しく過ごすうちにいつの間にか月日が流れ、バブルさんになっていた。そりゃ楽しいけど、ずっとひとりぼっち。あなたを次のバブルさんにしようと思って声をかけたけど、友情を感じている。生贄にはできない」と告白する。奈美はにっこりしてある決断をする。「二人でここに残ろう」と。

話は現代に戻る。今日も遠巻きに見られている二人の年齢不詳のベテランOL。時代にそぐわない化粧とファッション。それはバブルさんと年齢を重ねた奈美の姿だった。誰もが時代遅れ、イタいと笑うが、二人は今日もアフター5のために幸せそうに力を合わせて働いていた。

タモリ「現実よりも奇妙な世界の方が居心地よく感じる人は案外、多いんじゃないんでしょうか？　ほら、今夜もこんなにたくさん――」

振り向くと、何百人ものバブルさんが扇子を手に踊っている。タモリもニヤリと笑ってそこに飛び込む。

〜FIN〜

「これ、いくらかかると思ってるの？」

企画書から目を上げたプロデューサーに問われ、私は面食らう。

「エッ、面白くないですか!?」

「面白いとか面白くないじゃなくて、バブル期の東京を再現する予算はない」と、彼はあくまでも優しい口調で諭した。

そもそもタイムスリップものはお金がかかるから、当時は御法度とされていた。暗黙の了解でダメなことはほかにもたくさんあった。駅での撮影は早朝、利用者が少ない時間を狙うしかないから避けるのがベター。海外ロケなんてもってのほか。物語はA地点からB地点にわかりやすく進み、主人公はなにかしらの達成をしないとダメ。固有名詞やブランドは登場させない方がいい。一話の中で出てきた舞台は何度も使い回さないとダメ。あと喫煙シーンは女性の俳優の事務所が嫌がるから基本ＮＧ。

私は当時、アメリカの『セックス・アンド・ザ・シティ』にハマっていたのだが、あのドラマにはとんでもないお金がかかっていることをやっと理解する。一話の中に複数の脚本家が参加し、一回こっきりの実在するカフェやクラブが多数登場し、主人公たちは固有名詞を乱発しながらダラダラ無駄話をして、物語はAからBに進むどころか停滞、後退する時さえある。あと主人公はヘビースモーカー。面白いドラマにはとんでもないお金がかかるのだ。かけられないのであれば、あらゆる規約や条件を守りながら、自分だけの物語を構築するアクロバティックな才能がないといけない——。

ここまで日本のテレビが原作に頼るのも、そもそも予算と時間がないからなのだ。それでも私は、懲りずにオリジナル企画を出したり、二時間サスペンスのオリジナルあらすじをプロの方に買っていただいたりなどして、自分なりにいろいろ頑張ったのだが、もう就職活動の季節だった。時間切れである。私に脚本家は無理。

同時に、閃いた。「あれ、原作を書いた方がまだ楽じゃないか?」

そして二三年後、私は当初の目標だった小説家になっている。いろいろと苦労もあるが、少なくともドラマのような制約がなにもないので、その点は本当に楽である。だから、私の小説には、自分が煙草を一本も吸ったことがないのに喫煙者がよく登場するし、駅が意味もなく出てくるし、海外や好景気の東京が唐突に登場する。禁止されていたことが、無料かつ、誰からも批判もされずのびのび描けるのはありがたい。

同時に、映像化の話もいただけるようになり、過去の自分の言動がブーメランになってぶっ刺さってもいるのである。映像化にあたっていくつかの改変を求められ、「ウッ」となったことならある。全部流れてしまった企画なのだが、例えば、原作では親友同士の女性を、水面下で憎み合っているように変更すること、元気いっぱいのキャラクターを余命いくばくもない設定に変えること、カラッと陽気な物語にとても悲しい、同情すべき過去をつけ足して「深い」ものに変えること——。

「え、それ、もう私の小説じゃなくてよくないですか？　オリジナルで書いたらいいじゃないですか？」と言いそうになることがある。そうなると蘇る。

大学生の頃、原作ハンティングしている時、書店の本がみんな宝石に見えた。それは、著者が心を込めて書いた原作が、自分の夢を叶えるための「素材」に見えていたということではないか——。「まあ、私も同じようなことしようとしていたんだよなあ」と悔やみつつ、あまりにも「？」と思った時は、意見を言うようにしている。何十人もが関わっているプロジェクトがその時点で止まる事情も理解できるので、心苦しくもある。

ともあれ、原作者がタッチできるのは、ここまで。あとは撮影現場を見学できるくらいで、作品に関わる機会はもうない。この「蚊帳の外」である構造を逆手に取ったのが、二〇二二年に作家仲間たちと出した「映画業界への性暴力撲滅ステートメント」である。当時、映像業界の内部にいる人たちがセクハラパワハラをやめてくれと訴えるのは難しい状況だったが、基本的にクレジットに名が出てくるだけで、部外者である原作者がなにを言っても、しがらみは発生しない。映像化に強い作家さんたちが参加してくれたおかげか「効果があった」と業界関係者からの声を聞いている。

★

二三年前でさえ、予算のなさと時間のなさがテレビドラマの現場ではしきりに叫ばれていたのだから、現状は推して量るべしだ。立ち止まることが一切許されない激流のような制作現場で、原作者が「あの、ちょっと待ってください」と声を上げた時、どんな反応をされたのか、想像すると胸が痛む。

いきなり構造を変えるのは、無理だとは思う。ただ、一年のうち、一つの局で扱う原作ものの点数に制限をかけてはどうか。もしくは、テレビドラマの枠を減らし、その分、一本にかける制作費を上げることは難しいだろうか。空いた枠には、配信もされなければソフト化もされていない、過去の名作を流したらどうかというのは、素人考えだろうか。

ドラマ版の『セクシー田中さん』の最終回、日本のテレビではほとんど見たことがないような場面があった。思うようにダンスが踊れなくなった田中さん（木南晴夏）を朱里（生見愛瑠）が外に連れ出す。二人はゲームセンター、中華街、スケートリンクで遊ぶ。ここにかなりの時間が割かれ、二人のやりとりは丁寧に描かれる。劇的なことはなにもないが、田中さんはいつの間にか、元気を取り戻す。この場面を見た時、私は日本のドラマは成熟したんだな、と感動した。これが従来のルールだったら、おそらくスケートリンクは、なんらかの深い意味を持つ場所（例えば、朱里の生き別れた家族との思い出の場所とか）だったりする。ないし、朱里から衝撃的な告白が繰り出される、など。

なにか特別なことが起きないと、主人公は元気になってはいけない、という不文律が、少なくとも私が片足を突っ込んでいた頃のドラマ業界にはあったように思う。現実の私たちは、誰かにそっと寄り添ってもらったり、ふとした瞬間見上げた景色によって心が動いたりするのに、それを描いてはいけないことになっている。

だから、あの場面を原作者が自ら書いたものだと知った時は、ショックだった。ああ、原作者が手弁当でここまで身を削らないと、日本で豊かなエンタメは作れないのか——。去年、ドイツで本が出た時、向こうの編集者に私の日々の仕事内容を聞かれて、驚かれたことがある。

「日本の作家は、エージェントをつけないの？　プロモーション含め、一人でこれだけ動いてるの？　それでもし本が売れなかったらどうするの？　出る媒体の選別は自分でするの？　映像化の脚本の確認から単発のコラム依頼もみんな受けるの？　一体、どうやって長編書き下ろしの執筆時間を捻出するの？」

出版社やテレビ局の激務や世知辛さもわかる。でも、どうか、孤立しがちな作り手を守って欲しいとも思う。原作が、原作者が、巨大プロジェクトを動かすための、単なるコマの一つとみなされている限り、悲劇はまた起きる。

芦原妃名子さんのご冥福を心からお祈りします。

*

あくまでも主観なのだが、芦原さんがお亡くなりになってから、原作者の意志を尊重するような流れを感じることがある。昔より進んでる……！と嬉しくなりかける度、芦原さんのことを思い出し、申し訳なくもなる。

あとがき

　こうして振り返ってみると、私は日本のドラマによって作られてきた人間なのだなとわかる。だが、この一〇年で、日本のドラマを見る人が周りにまったくいなくなってしまった。

『逃げ恥』とか『エルピス』とか『トラつば』が放送中の時だけいっとき戻ってくるものの、みんなすぐ海外のスーパーすぐれた作品に戻ってしまう。それをちょっと寂しく思う時もあるが、私はこの地上波の国内ドラマを三ヶ月に一本とりあえず必ず三話楽しみに見るという暮しを、気に入っているのである。もちろん誰もが語りたくなる傑作に出会えるときは嬉しい。でも、予算もない、製作陣がなんだかぼうっとしていて、俳優たちも手探り。そんなドラマにも、まぐれのようにきらめく宝石の時間がある。作り手が意図しない形で、政治的にもジェンダー的にも大きく前進する瞬間がある。そんな時は、書きたくなるし、語りたい。

　日常生活だと「柚木がまた、誰も見とらんドラマの話を夢中でしてる」と笑われてばかりだが、こうして連載という形でずっと続けさせていただいた上、さらに書籍という形にしていただけたことに感謝したい。

『anan』の連載を並走してくださったマガジンハウスの矢部光樹子さま、永田香織さま、最初に声をかけてくださった嘉数小百合さま。なお、エッセイの掲載を快く了承してくださったＮＨＫ出版の横山亮子さま、朝日新聞出版の山田京子さま、朝日新聞社の加藤修さま、そしてこの連載を書籍にしてくださったフィルムアート社の伊東弘剛さまに、心よりお礼申し上げます。

初出一覧

第1章　〝ヒール女〟や〝エロいのに味方な女〟と一緒に　二〇一四～二〇一五年

第1話　フジ「月9」を支える、忘れがたい〝ヒール女〟の系譜　『anan』No.1895（二〇一四年三月五日号）

第2話　日本のドラマを支える名優たち　『anan』No.1908（二〇一四年六月一一日号）

第3話　同性からの支持高し！　〝エロいのに味方な女〟　『anan』No.1922（二〇一四年九月二四日号）

第4話　忘れられない余韻を残す、日テレ「土9」の魅力　『anan』No.1934（二〇一四年一二月一七日号）

第5話　女の敵はどこにいる？　フェミニズムドラマ進化論　『anan』No.1945（二〇一五年三月一一日号）

第6話　金と権力はお好き？　愛と野望の復讐ドラマ　『anan』No.1956（二〇一五年六月三日号）

第7話　憧れの都会、安らぐ地元。輝いて見えるのはどっち？　『anan』No.1970（二〇一五年九月一六日号）

第8話　荒波も越えてみせます、ドラマ史上最高の夫婦たち　『anan』No.1983（二〇一五年一二月一六日号）

第2章　アイドルも、男も、女も、シニアも　二〇一六～二〇一七年

第9話　光も影も、全部知りたい。アイドルの輝きよ永遠に　『anan』No.1995（二〇一六年三月一六日号）

第10話　今時の事情を抱えて、男三人、人生模索中　『anan』No.2007（二〇一六年六月一五日号）

第11話　松嶋菜々子出演作に見る、女の役割について　『anan』No.2020（二〇一六年九月二一日号）

第12話　ときめきと安定した生活。両立は、叶いますか？　『anan』No.2032（二〇一六年一二月一四日号）

第13話　曖昧さの向こうにあるもの。坂元裕二脚本の魅力とは　『anan』No.2045（二〇一七年三月二二日号）

第14話　地続きだから気になる、〝シニア世代のリアル〟　『anan』No.2057（二〇一七年六月二一日号）

第15話 型破りな愛情表現が、片想いを両想いに変える 『anan』No.2072（二〇一七年一〇月一一日号）
第16話 女を救うのは、女！ 助け合う関係を描く新ドラマ 『anan』No.2081（二〇一七年一二月一三日号）

第3章 平成から令和へ 二〇一八～二〇一九年

第17話 才能がある理由は、「作品」が証明する……はず!? 『anan』No.2094（二〇一八年三月二一日号）
第18話 愛されずとも魅了する、長澤まさみのヒロイン力 『anan』No.2105（二〇一八年六月一三日号）
第19話 心地よすぎる俳優、金田明夫クロニクル 『anan』No.2118（二〇一八年九月一九日号）
第20話 二人は獣になれるのか？ 恋愛ドラマの必須アイテム考 『anan』No.2131（二〇一八年一二月一九日号）
第21話 納得のいく生き方を求めて。ニッポン自己啓発ドラマの歴史 『anan』No.2145（二〇一九年四月三日号）
第22話 新たなフェーズへ移行中。ドラマにおけるLGBTQ 『anan』No.2155（二〇一九年六月一九日号）
第23話 「愛ゆえに」ではもう、済まされないのです 『anan』No.2169（二〇一九年一〇月二日号）
第24話 緻密に計算された、「前日譚」を見る楽しみ 『anan』No.2181（二〇一九年一二月二五日号）

第4章 シスターフッドとサードプレイス 二〇二〇～二〇二一年

特別編 『anan』とドラマの五〇年から考える〝定職を持たない女〟の系譜 『anan』No.2191（二〇二〇年三月一一日号）
第25話 ドラマの片隅に咲く、シスターフッドの花 『anan』No.2213（二〇二〇年八月二六日号）
第26話 癒し、交流、美味しい料理。女たちにもサードプレイスを 『anan』No.2242（二〇二一年三月二四日号）
第27話 今を楽しみ、同意を交わす。〝昔の男〟たちとの理想郷 『anan』No.2253（二〇二一年六月一六日号）
第28話 〝ヒロインが冴えない〟設定に見る、ラブコメルールの進化と今後 『anan』No.2267（二〇二一年九月二九日号）
第29話 日本ドラマは、なぜこれほど〝変わり者の天才〟が好きなのか？ 『anan』No.2278（二〇二一年一二月一五日号）

第5章　その先へ！　二〇二二～二〇二四年

第30話　恋バナや悲劇から解放されたサステナブルな母娘ドラマ誕生！　『anan』No.2290（二〇二二年三月一六日号）
第31話　SNS時代でも存在感を放つ、〝手作りスクラップブック〟の行方　『anan』No.2303（二〇二二年六月二二日号）
第32話　テレ朝ドラマならではの独自の工夫と進化に注目　『anan』No.2315（二〇二二年九月二一日号）
第33話　〝清濁併せ呑む〟の、その先へ！　報道ドラマが切り開く新たな道　『anan』No.2328（二〇二二年一二月二一日号）
第34話　料理好きで家事上手な女たちが、〝モテ〟視点から解放された！　『anan』No.2340（二〇二三年三月二二日号）
第35話　〝貧困〟というシビアな問題を丁寧に描く、良質なファンタジー　『anan』No.2353（二〇二三年六月二八日号）
第36話　夏のキラキラ恋愛ドラマに出現したニュータイプのヒロインに夢中！　『anan』No.2365（二〇二三年九月二七日号）
第37話　輝く、アラフォー女性俳優！　小池栄子と木南晴夏の存在感　『anan』No.2378（二〇二三年一二月二七日号）
第38話　あの文学賞出身者たちが描き出す、女性を取り巻く世界　『anan』No.2390（二〇二四年三月二七日号）
第39話　社会問題に正面から切り込む姿勢は、日本ドラマの分岐点となるか　『anan』No.2401（二〇二四年六月一九日号）

番外編　ファンとして、脚本家志望者として、原作者として

大学時代に出会ったずっと大好きなドラマ　「大好きだった」『好書好日』二〇二〇年五月四日公開（朝日新聞社）
「彼」自身の言葉で、語るべきではないか　「とりあえずお湯わかせ」第18回『本がひらく』二〇二二年九月七日公開（ＮＨＫ出版）
原作者が尊重され、守られるように　「とりあえずお湯わかせ」第35回『本がひらく』二〇二四年二月二〇日公開（ＮＨＫ出版）

＊書籍化に際し、一部加筆・修正及びタイトルの変更を行った。
＊第1章から第5章までの各話と、番外編三本の振り返りは書き下ろし。

柚木麻子（ユズキ・アサコ）

一九八一年東京生まれ。

二〇〇八年「フォーゲットミー、ノットブルー」でオール讀物新人賞を受賞し、デビュー。

二〇一〇年、同作を含む『終点のあの子』を刊行。

二〇一五年『ナイルパーチの女子会』で山本周五郎賞を受賞。

ほか作品に『私にふさわしいホテル』『ランチのアッコちゃん』『伊藤くん A to E』

『本屋さんのダイアナ』『マジカルグランマ』『BUTTER』『らんたん』

『ついでにジェントルメン』『マリはすてきじゃない魔女』（絵・坂口友佳子）

『あいにくあんたのためじゃない』などがある。

二〇二三年に初のエッセイ集『とりあえずお湯わかせ』を刊行。

二〇二二年、作家の山内マリコとともに
「原作者として、映画業界の性暴力・性加害の撲滅を求めます。」と題した声明を発表する。

柚木麻子のドラマななめ読み！

２０２４年10月30日　初版発行
２０２４年12月５日　第２刷

著　柚木麻子

装丁　吉田考宏
装画　サイトウユウスケ
校閲　古崎康成
編集　伊東弘剛（フィルムアート社）

発行者　上原哲郎
発行所　株式会社フィルムアート社
〒１５０-００２２
東京都渋谷区恵比寿南１丁目20番６号　プレファス恵比寿南
ＴＥＬ　０３-５７２５-２００１
ＦＡＸ　０３-５７２５-２６２６
https://www.filmart.co.jp

印刷・製本　シナノ印刷株式会社

ISBN978-4-8459-2331-1　C0095